心一堂術數古籍珍本叢刊

書名：《香港山脈形勢論》《如何應用日景羅經》合刊
系列：心一堂術數古籍珍本叢刊　第二輯　堪輿類　160
作者：吳師青
主編、責任編輯：陳劍聰
心一堂術數古籍珍本叢刊編校小組：陳劍聰　素聞　鄒偉才　虛白盧主

出版：心一堂有限公司
通訊地址：香港九龍旺角彌敦道六一〇號荷李活商業中心十八樓〇五－〇六室
深港讀者服務中心：中國深圳市羅湖區立新路六號羅湖商業大廈負一層〇〇八室
電話號碼：(852)67150840
網址：publish.sunyata.cc
電郵：sunyatabook@gmail.com
網店：http://book.sunyata.cc
淘寶店地址：https://shop210782774.taobao.com
微店地址：https://weidian.com/s/1212826297
臉書：https://www.facebook.com/sunyatabook
讀者論壇：http://bbs.sunyata.cc/

版次：二零一九年三月初版
平裝

定價：港幣　九十八元正
新台幣　三百九十八元正

國際書號：ISBN 978-988-8582-46-4

香港發行：香港聯合書刊物流有限公司
地址：香港新界大埔汀麗路36號中華商務印刷大廈3樓
電話號碼：(852)2150-2100
傳真號碼：(852)2407-3062
電郵：info@suplogistics.com.hk

台灣發行：秀威資訊科技股份有限公司
地址：台灣台北市內湖區瑞光路七十六巷六十五號一樓
電話號碼：+886-2-2796-3638
傳真號碼：+886-2-2796-1377
網絡書店：www.bodbooks.com.tw
台灣秀威書店讀者服務中心：
地址：台灣台北市中山區松江路二〇九號一樓
電話號碼：+886-2-2518-0207
傳真號碼：+886-2-2518-0778
網絡書店：http://www.govbooks.com.tw

中國大陸發行　零售：深圳心一堂文化傳播有限公司
深圳地址：深圳市羅湖區立新路六號羅湖商業大廈負一層〇〇八室
電話號碼：(86)0755-82224934

心一堂微店二維碼

心一堂淘寶店二維碼

心一堂術數古籍珍本整理叢刊　總序

術數定義

術數，大概可謂以「推算（推演）、預測人（個人、群體、國家等）、事、物、自然現象、時間、空間方位等規律及氣數，並或通過種種『方術』，從而達致趨吉避凶或某種特定目的」之知識體系和方法。

術數類別

我國術數的內容類別，歷代不盡相同，例如《漢書・藝文志》中載，漢代術數有六類：天文、曆譜、五行、蓍龜、雜占、形法。至清代《四庫全書》，術數類則有：數學、占候、相宅相墓、占卜、命書、相書、陰陽五行、雜技術等，其他如《後漢書・方術部》、《藝文類聚・方術部》、《太平御覽・方術部》等，對於術數的分類，皆有差異。古代多把天文、曆譜、及部分數學均歸入術數類，而民間流行亦視傳統醫學作為術數的一環；此外，有些術數與宗教中的方術亦往往難以分開。現代民間則常將各種術數歸納為五大類別：命、卜、相、醫、山，通稱「五術」。

本叢刊在《四庫全書》的分類基礎上，將術數分為九大類別：占筮、星命、相術、堪輿、選擇、三式、讖諱、理數（陰陽五行）、雜術（其他）。而未收天文、曆譜、算術、宗教方術、醫學。

術數思想與發展——從術到學，乃至合道

我國術數是由上古的占星、卜筮、形法等術發展下來的。其中卜筮之術，是歷經夏商周三代而通過「龜卜、蓍筮」得出卜（筮）辭的一種預測（吉凶成敗）術，之後歸納並結集成書，此即現傳之《易

經》。經過春秋戰國至秦漢之際，受到當時諸子百家的影響、儒家的推崇，遂有《易傳》等的出現，原本是卜筮術書的《易經》，被提升及解讀成有包涵「天地之道（理）」之學。因此，《易・繫辭傳》曰：「易與天地準，故能彌綸天地之道。」

漢代以後，易學中的陰陽學說，與五行、九宮、干支、氣運、災變、律曆、卦氣、讖緯、天人感應說等相結合，形成易學中象數系統。而其他原與《易經》本來沒有關係的術數，如占星、形法、選擇，亦漸漸以易理（象數學說）為依歸。《四庫全書・易類小序》云：「術數之興，多在秦漢以後。要其旨，不出乎陰陽五行，生尅制化。實皆《易》之支派，傳以雜說耳。」至此，術數可謂已由「術」發展成「學」。

及至宋代，術數理論與理學中的河圖洛書、太極圖、邵雍先天之學及皇極經世等學說給合，通過術數以演繹理學中「天地中有一太極，萬物中各有一太極」（《朱子語類》）的思想。術數理論不單已發展至十分成熟，而且也從其學理中衍生一些新的方法或理論，如《梅花易數》、《河洛理數》等。

在傳統上，術數功能往往不止於僅僅作為趨吉避凶的方術，及「能彌綸天地之道」的學問，亦有其「修心養性」的功能，「與道合一」（修道）的內涵。《素問・上古天真論》：「上古之人，其知道者，法於陰陽，和於術數。」數之意義，不單是外在的算數、歷數、氣數，而是與理學中同等的「道」、「理」——心性的功能，北宋理氣家邵雍對此多有發揮：「聖人之心，是亦數也」、「萬化萬事生乎心」、「心為太極」。《觀物外篇》：「先天之學，心法也。……蓋天地萬物之理，盡在其中矣，心一而不分，則能應萬物。」反過來說，宋代的術數理論，受到當時理學、佛道及宋易影響，認為心性本質上是等同天地之太極。天地萬物氣數規律，能通過內觀自心而有所感知，即是內心也已具備有術數的推演及預測、感知能力；相傳是邵雍所創之《梅花易數》，便是在這樣的背景下誕生。

《易・文言傳》已有「積善之家，必有餘慶；積不善之家，必有餘殃」之說，至漢代流行的災變說及讖緯說，我國數千年來都認為天災，異常天象（自然現象），皆與一國或一地的施政者失德有關；下至家族、個人之盛衰，也都與一族一人之德行修養有關。因此，我國術數中除了吉凶盛衰理數之外，人心的德行修養，也是趨吉避凶的一個關鍵因素。

術數與宗教、修道

在這種思想之下，我國術數不單只是附屬於巫術或宗教行為的方術，又往往是一種宗教的修煉手段--通過術數，以知陰陽，乃至合陰陽（道）。「其知道者，法於陰陽，和於術數。」例如，「奇門遁甲」術中，即分為「術奇門」與「法奇門」兩大類。「法奇門」中有大量道教中符籙、手印、存想、內煉的內容，是道教內丹外法的一種重要外法修煉體系。甚至在雷法一系的修煉上，亦大量應用了術數內容。此外，相術、堪輿術中也有修煉望氣（氣的形狀、顏色）的方法；堪輿家除了選擇陰陽宅之吉凶外，也有道教中選擇適合修道環境（法、財、侶、地中的地）的方法，以至通過堪輿術觀察天地山川陰陽之氣，亦成為領悟陰陽金丹大道的一途。

易學體系以外的術數與的少數民族的術數

我國術數中，也有不用或不全用易理作為其理論依據的，如揚雄的《太玄》、司馬光的《潛虛》。也有一些占卜法、雜術不屬於《易經》系統，不過對後世影響較少而已。

外來宗教及少數民族中也有不少雖受漢文化影響（如陰陽、五行、二十八宿等學說。）但仍自成系統的術數，如古代的西夏、突厥、吐魯番等占卜及星占術，藏族中有多種藏傳佛教占卜術、苯教占卜術、擇吉術、推命術、相術等；北方少數民族有薩滿教占卜術；不少少數民族如水族、白族、布朗族、佤族、彝族、苗族等，皆有占雞（卦）草卜、雞蛋卜等術，納西族的占星術、占卜術，彝族畢摩的推命術、占卜術……等等，都是屬於《易經》體系以外的術數。相對上，外國傳入的術數以及其理論，對我國術數影響更大。

曆法、推步術與外來術數的影響

我國的術數與曆法的關係非常緊密。早期的術數中，很多是利用星宿或星宿組合的位置（如某星在某州或某宮某度）付予某種吉凶意義，并據之以推演，例如歲星（木星）、月將（某月太陽所躔之宮次）等。不過，由於不同的古代曆法推步的誤差及歲差的問題，若干年後，其術數所用之星辰的位置，已與真實星辰的位置不一樣了；此如歲星（木星），早期的曆法及術數以十二年為一周期（以應地支），與木星真實周期十一點八六年，每幾十年便錯一宮。後來術家又設一「太歲」的假想星體來解決，是歲星運行的相反，週期亦剛好是十二年。而術數中的神煞，很多即是根據太歲的位置而定。又如六壬術中的「月將」，原是立春節氣後太陽躔娵訾之次而稱作「登明亥將」，至宋代，因歲差的關係，要到雨水節氣後太陽才躔娵訾之次，當時沈括提出了修正，但明清時六壬術中「月將」仍然沿用宋代沈括修正的起法沒有再修正。

由於以真實星象周期的推步術是非常繁複，而且古代星象推步術本身亦有不少誤差，大多數術數除依曆書保留了太陽（節氣）、太陰（月相）的簡單宮次計算外，漸漸形成根據干支、日月等的各自起例，以起出其他具有不同含義的眾多假想星象及神煞系統。唐宋以後，我國絕大部分術數都主要沿用這一系統，也出現了不少完全脫離真實星象的術數，如《子平術》、《紫微斗數》、《鐵版神數》等。後來就連一些利用真實星辰位置的術數，如《七政四餘術》及選擇法中的《天星選擇》，也已與假想星象及神煞混合而使用了。

隨着古代外國曆（推步）、術數的傳入，如唐代傳入的印度曆法及術數，元代傳入的回回曆等，其中我國占星術便吸收了印度占星術中羅睺星、計都星等而形成四餘星，又通過阿拉伯占星術而吸收了其中來自希臘、巴比倫占星術的黃道十二宮、四大（四元素）學說（地、水、火、風），並與我國傳統的二十八宿、五行說、神煞系統並存而形成《七政四餘術》。此外，一些術數中的北斗星名，不用我國傳統的星名：天樞、天璇、天璣、天權、玉衡、開陽、搖光，而是使用來自印度梵文所譯的：貪狼、巨門、祿存、文曲，廉貞、武曲、破軍等，此明顯是受到唐代從印度傳入的曆法及占星術所影響。如星命術中的《紫微斗數》及堪輿術中的《撼龍經》等文獻中，其星皆用印度譯名。及至清初《時憲曆》，置閏之法則改用西法「定氣」。清代以後的術數，又作過不少的調整。

此外，我國相術中的面相術、手相術，唐宋之際受印度相術影響頗大，至民國初年，又通過翻譯歐西、日本的相術書籍而大量吸收歐西相術的內容，形成了現代我國坊間流行的新式相術。

陰陽學——術數在古代、官方管理及外國的影響

術數在古代社會中一直扮演着一個非常重要的角色，影響層面不單只是某一階層、某一職業、某一年齡的人，而是上自帝王，下至普通百姓，從出生到死亡，不論是生活上的小事如洗髮、出行等，大事如建房、入伙、出兵等，從個人、家族以至國家，從天文、氣象、地理到人事、軍事，從民俗、學術到宗教，都離不開術數的應用。我國最晚在唐代開始，已把以上術數之學，稱作陰陽（學），行術數者稱陰陽人。（敦煌文書、斯四三二七唐《師師漫語話》：「以下說陰陽人謾語話」，此說法後來傳入日本，今日本人稱行術數者為「陰陽師」）。一直到了清末，欽天監中負責陰陽術數的官員中，以及民間術數之士，仍名陰陽生。

古代政府的中欽天監（司天監），除了負責天文、曆法、輿地之外，亦精通其他如星占、選擇、堪輿等術數，除在皇室人員及朝庭中應用外，也定期頒行日書、修定術數，使民間對於天文、日曆用事吉凶及使用其他術數時，有所依從。

我國古代政府對官方及民間陰陽學及陰陽官員，從其內容、人員的選拔、培訓、認證、考核、律法監管等，都有制度。至明清兩代，其制度更為完善、嚴格。

宋代官學之中，課程中已有陰陽學及其考試的內容。（宋徽宗崇寧三年〔一一零四年〕崇寧算學令：「諸學生習……並曆算、三式、天文書。」「諸試……三式即射覆及預占三日陰陽風雨。天文即預

定一月或一季分野災祥，並以依經備草合問為通。」

金代司天臺，從民間「草澤人」（即民間習術數人士）考試選拔：「其試之制，以《宣明曆》試推步，及《婚書》、《地理新書》試合婚、安葬，並《易》筮法，六壬課、三命、五星之術。」（《金史》卷五十一・志第三十二・選舉一）

元代為進一步加強官方陰陽學對民間的影響、管理、控制及培育，除沿襲宋代、金代在司天監掌管陰陽學及中央的官學陰陽學課程之外，更在地方上增設陰陽學課程（《元史・選舉志一》：「世祖至元二十八年夏六月始置諸路陰陽學。」）地方上也設陰陽學教授員，培育及管轄地方陰陽人。（《元史・選舉志一》：「（元仁宗）延祐初，令陰陽人依儒醫例，於路、府、州設教授員，凡陰陽人皆管轄之，而上屬於太史焉。」）自此，民間的陰陽術士（陰陽人），被納入官方的管轄之下。

至明清兩代，陰陽學制度更為完善。中央欽天監掌管陰陽學，明代地方縣設陰陽學正術，各州設陰陽學典術，各縣設陰陽學訓術。陰陽人從地方陰陽學肄業或被選拔出來後，再送到欽天監考試。（《大明會典》卷二二三：「凡天下府州縣舉到陰陽人堪任正術等官者，俱從吏部送（欽天監），考中，送回選用；不中者發回原籍為民，原保官吏治罪。」）清代大致沿用明制，凡陰陽術數之流，悉歸中央欽天監及地方陰陽官員管理、培訓、認證。至今尚有「紹興府陰陽印」、「東光縣陰陽學記」等明代銅印，及某某縣某某之清代陰陽執照等傳世。

清代欽天監漏刻科對官員要求甚為嚴格。《大清會典》「國子監」規定：「凡算學之教，設肄業生。滿洲十有二人，蒙古、漢軍各六人，於各旗官學內考取。漢十有二人，於舉人、貢監生童內考取。附學生二十四人，由欽天監選送。教以天文演算法諸書，五年學業有成，舉人引見以欽天監博士用，貢監生童以天文生補用。」學生在官學肄業、貢監生肄業或考得舉人後，經過了五年對天文、算法、陰陽學的學習，其中精通陰陽術數者，會送往漏刻科。而在欽天監供職的官員，《大清會典則例》「欽天監」規定：「本監官生三年考核一次，術業精通者，保題升用。不及者，停其升轉，再加學習。如能黽勉供職，即予開復。仍不及者，降職一等，再令學習三年，能習熟者，准予開復，仍不能者，黜退。」除定期考核以定其升用降職外，《大清律例》中對陰陽術士不準確的推斷（妄言禍福）是要治罪的。《大清律例・一七八・術七・妄言禍福》：「凡陰陽術士，不許於大小文武官員之家妄言禍福，違者杖一百。其依經推算星命卜課，不在禁限。」大小文武官員延請的陰陽術士，自然是以欽天監漏刻科官員或地方陰陽官員為主。

官方陰陽學制度也影響鄰國如朝鮮、日本、越南等地，一直到了民國時期，鄰國仍然沿用着我國的多種術數。而我國的漢族術數，在古代甚至影響遍及西夏、突厥、吐蕃、阿拉伯、印度、東南亞諸國。

術數研究

術數在我國古代社會雖然影響深遠，「是傳統中國理念中的一門科學，從傳統的陰陽、五行、九宮、八卦、河圖、洛書等觀念作大自然的研究。……傳統中國的天文學、數學、煉丹術等，要到上世紀中葉始受世界學者肯定。可是，術數還未受到應得的注意。術數在傳統中國科技史、思想史，文化史、社會史，甚至軍事史都有一定的影響。……更進一步了解術數，我們將更能了解中國歷史的全貌。」（何丙郁《術數、天文與醫學中國科技史的新視野》，香港城市大學中國文化中心。）

可是術數至今一直不受正統學界所重視，加上術家藏秘自珍，又揚言天機不可洩漏，「（術數）乃吾國科學與哲學融貫而成一種學說，數千年來傳衍嬗變，或隱或現，全賴一二有心人為之繼續維繫，賴以不絕，其中確有學術上研究之價值，非徒癡人說夢，荒誕不經之謂也。其所以至今不能在科學中成立一種地位者，實有數因。蓋古代士大夫階級目醫卜星相為九流之學，多恥道之；而發明諸大師又故為惝恍迷離之辭，以待後人探索；間有一二賢者有所發明，亦秘莫如深，既恐洩天地之秘，復恐譏為旁門左道，始終不肯公開研究，成立一有系統說明之書籍，貽之後世。故居今日而欲研究此種學術，實一極困難之事。」（民國徐樂吾《子平真詮評註》，方重審序）

現存的術數古籍，除極少數是唐、宋、元的版本外，絕大多數是明、清兩代的版本。其內容也主要是明、清兩代流行的術數，唐宋或以前的術數及其書籍，大部分均已失傳，只能從史料記載、出土文獻、敦煌遺書中稍窺一鱗半爪。

術數版本

坊間術數古籍版本，大多是晚清書坊之翻刻本及民國書賈之重排本，其中豕亥魚魯，或任意增刪，往往文意全非，以至不能卒讀。現今不論是術數愛好者，還是民俗、史學、社會、文化、版本等學術研究者，要想得一常見術數書籍的善本、原版，已經非常困難，更遑論如稿本、鈔本、孤本等珍稀版本。在文獻不足及缺乏善本的情況下，要想對術數的源流、理法、及其影響，作全面深入的研究，幾不可能。

有見及此，本叢刊編校小組經多年努力及多方協助，在海內外搜羅了二十世紀六十年代以前漢文為主的術數類善本、珍本、鈔本、孤本、稿本、批校本等數百種，精選出其中最佳版本，分別輯入兩個系列：

一、心一堂術數古籍珍本叢刊

二、心一堂術數古籍整理叢刊

前者以最新數碼（數位）技術清理、修復珍本原本的版面，更正明顯的錯訛，部分善本更以原色彩色精印，務求更勝原本。并以每百多種珍本、一百二十冊為一輯，分輯出版，以饗讀者。

後者延請、稿約有關專家、學者，以善本、珍本等作底本，參以其他版本，古籍進行審定、校勘、注釋，務求打造一最善版本，方便現代人閱讀、理解、研究等之用。

限於編校小組的水平，版本選擇及考證、文字修正、提要內容等方面，恐有疏漏及舛誤之處，懇請方家不吝指正。

心一堂術數古籍 珍本 整理 叢刊編校小組

二零零九年七月序

二零一四年九月第三次修訂

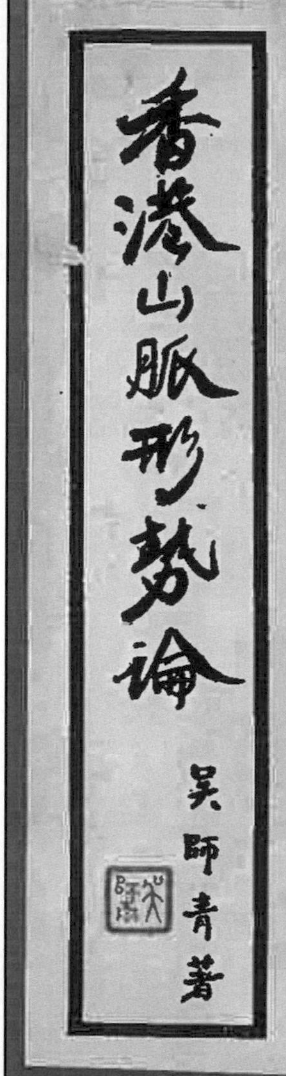
香港山脈形勢論
吳師青著

吳師青先生著

論不離經

鄧肇堅敬題

樓宇寶鑑出版啓事

此書爲我國古天文學家、吳師青先生所著。宏博精純、匠心獨運、爲空前陽宅書未有之善本。全書分四章。一、新製圖式代羅經。二、繪法。三、評論。四、簡選。趨吉避凶、歸納元運、其建嶠、開門、收永、依法而行、福應有準。最適於現代新式樓宇之用。先生以博愛之心、造旡疆之福。卷末論婚、採呂才之說、及斗臨經吉凶方位鈐圖、俾擇婚者、知吉凶之理。業已附載天體曆、玆爲普及起見、不吝重載、欲使人人能依法配婚、則五世其昌、榮華富貴矣。現値出版伊始、本公司特爲介紹。此啓。

香港中天貿易公司啓

香港山脈形勢論

吳師青著

世之言地學者、必主黃石而祖筠松。師青於民國十三年、闡發青囊、天玉、寶照、之秘鑰、有地學鐵骨秘之著。忽忽四十餘年。以經商餘暇、註釋撼龍經、釐訂譌誤、切實分解、因文見義、朗若列眉。爲以前讀楊公書者、破其癥結、而豁其心胸。茲復本楊公心法眞傳、而論次本港山脈形勢。

從來地學家、鮮有論述本港者。學者雖欲稽攷、其道無由。夫有一方之山水、則有一方之人物。是故觀山水之廣大、出人必度量恢宏。山水逼窄、出人多襟懷狹隘。水聚而知其財貨豐盈、山飛而知其人民稀散。此乃山水性情形勢之使然、而不能踰越其範疇者也。余爲粵人、居港有年。徧歷山川、攷其形勢。時有所得、筆之於書、以備采風攬勝者之觀摩。敝帚自珍、或無譏焉。

撼龍經曰、須彌山是天地骨。論中國山脈者、以此爲鼻祖。蓋喜馬拉雅山、古稱崑崙、高出海面二九二〇〇呎、當日視爲世界第一高峯也。爲亞洲山脈之脊、分中東西三大幹。經曰、惟有南龍入中國。南龍者、中幹也。西北一幹、直走崆峒、縱橫西域。東幹入朝鮮、與日本相接。今觀香港山脈、上溯南幹、其次梅嶺摩星、又其次則廣東白雲粵秀。經之所謂胎宗孕祖來奇特者此也。夫南幹爲天下最富庶之龍、廣東爲南幹最富庶之省、而香港爲南幹最富庶之商埠。明夫此、則山川之廻環曲折、纚纚如貫珠、無難指數焉。

攷南幹自西東下、劈分西江北江兩枝而入粵、撼龍經曰、分枝劈脈縱橫去、氣血勾連逢水住。脈分而水隨、水住而脈聚也。故西江一支、從四川經雲南貴州、過湖南廣西。以肇慶爲近脈、幹氣直趨新會。諸水大滙於銀洲湖、不止二千里來源、去厓門爲水口。西江到頭作勢、起大小筭鷄盞尖。（破軍廉貞）乃跌大峽、起綠湖屏、出圭峯山、（破軍變貪狠龍）結新會城。北江一支、從四川經湖北過江西至南雄。（梅嶺）以南韶連爲來脈、幹氣直達粤城、諸水大滙於白鵝潭、千里來源、去虎門爲水口、北江到頭作勢、起洞旗峯、（貪狠星）出白雲山、（祿存帶貪狠）結省城。就兩龍幹氣而論、西龍出西樵山、以獻秀而朝白雲。北龍不獻秀而朝圭峯。白雲居艮、西樵居坤、坤屬艮龍玄竅、關竅相通、賓主相對、北龍可統西龍、故省治屬北而西爲縣也。

撼龍經曰、大爲都邑帝王州、小爲郡縣君公侯。援此而論兩江之龍、可爲證助矣。吾粵在秦漢時、則有尉佗建號歸藩、創開王霸史蹟、粵台屹立、千有餘年。至五代劉龔建國、傳四主、歷六十八年、荔子灣頭、昌華故苑、猶留勝蹟。論人才則有唐代張曲江、爲開元名相、風度冠古今。此皆北江主幹應運而生之最著者也。至西江一枝、雖爲賓龍。然幹氣所鍾、圭峯獨秀。得龍潭衞龍之水、收上流無限來源、下無點滴疏洩、雨不盈寸、旱不涸分。撼龍經曰、衞龍之水隨腹入、深入坎井不聞聲、此之謂也。故西龍有此、爲北龍所無、自成垣局重結。昔唐一行僧、望圭峯黃雲紫氣、歎曰、五百年必生聖者。果也眞儒代出、明有陳白沙、學遵孔孟、體衍程朱。清有南海朱九江、學貫天人、體兼漢宋。先後配享聖廟、俎豆馨香。餘如瓊州海剛峯、邱瓊山、亦儒宗之錚錚者。皆西幹之特產也。蓋山川靈氣鍾毓、其來有自、誠不虛也。

夫港龍遠溯南幹、近祖白雲、龍盡海疆、星辰應位、構成天市垣局。帝座天紀、位於半島。半島流水迴旋於三面、山陸毗連於一方。兼得貪巨武三吉之秀、湊合天然、鍾毓斯大。天下半島、往往應運而生聖賢。在昔孔子生於山東半島、耶穌生於阿拉伯半島、釋迦生於印度半島、皆爲發揚宗教之聖人。本港九龍半島、亦破祿兼貪巨武之秀。將必有適合世界大同之聖人、應運而生者、可預言焉。市樓六星、渡海過峽、拔起星峰、爲精華薈萃之所。撼龍經曰、此是海門南脈胳、貨財文武交相錯。由此觀之、將必有握經濟重權、而造成工業王國者出焉。

白雲雄渾葱秀、爲粵省羣峯之冠。而行度鬱勃、勢漸東趨。陡起三角奇峯、儼若蓮花擎出、端嚴作祖、曜協廉貞。由蓮花而跨馬鞍、粉黛千叢、迤邐連綿、揭黃旗、帶銅鼓、過內峽、至寶安而龍勢一振。梧桐山拔地而起、爲入港龍脈之少祖、其龍爲破祿行度、落平而化輔化文。經沙頭角、麻雀、八仙、大刀屶諸嶺、以祿文行度、南旋西折、突起大帽山、形成武曲、開大帳、分枝劈脈。西經上塘、盡於青山之南朗。東經獅子馬鞍西貢、盡於石屋大浪。中則向南伸展、祿輔兼行。展開帳翅、經葵涌跌斷而起黃金山。渡海潛行、至昂船洲而露弼星。向西偏行、蜿蜒屈曲、形若金蛇。至青洲之東、昂藏鬱勃、拔地而起香島之扯旗山。北望傳變貪巨、東望傳變武曲、東北望則祿存帶祿、頂冠兜鍪、下分梳齒、輔弼侍從、乃祿存帶貪巨武之貴徵、位坤向艮、而督署居焉。北山獻秀、衆水聚堂、明堂寬大、右砂嚴密、誠天然形勢之結晶位置也。撼龍經曰、如君識得祿存星、珍寶連城貴無價。又曰、明堂寬大容萬馬、富貴兒孫著錦衣、由此言之、香港雄峙東方、爲國際工商業之集中、握世界通商之樞紐、譽爲珠島、固其宜矣。又曰、此等星辰出大江、中有小貪並小巨、輔弼侍從左右生、隔岸山河遠相顧。不啻爲香島之山脉形勢言也。又曰海中洲渚亦有山、若論龍脈應難言。不知地脈連中國、遠出山形在海間。此又不啻爲九龍渡海來港之行龍言也。然以楊公之識力、猶有海中龍脈難言之歎。無怪今日之人、以香島山脈近北、則謂龍自鯉魚門而來。又以水來自珠江、則謂龍自大嶼山渡海。憑空臆斷、均無當也。蓋不識渡海潛行之脈、如何相連於中國者、烏足以言地理也哉。

撼龍經曰、五嶺分星自桂連、直至江陰大海邊。海門旺氣連閩粵、南水兩夾相交纏。夫香港爲南幹盡龍盡結之局、溯源珠江、百川來聚。垣列四門、星峯應位。宜其富庶、駸駸然有駕乎西南各省者也。

撼龍經曰、大抵山形雖在山、地有精光屬土次。體魄在地光在天、識得精光眞精藝。此言善察地理者、必須先識垣局、方能盡其秘奥。攷天文志所載、天之三垣、北曰紫微、南曰太微、東北曰天市、少微西掖、此四垣所以鎮四方也。青囊經曰、天分星宿、地列山川、因形察氣、以立人紀、君臨四正、南面而治。則可知從古通都大邑、無不與星垣符合者也。觀我國河南之洛陽、陝西之關中、江左之金陵、歷代帝王建都之所、星宿光耀、山川錦繡、勝蹟猶存、令人景仰、此其顯然最著者也。卽如天津滬瀆、爲我國南北通商大埠、熙來攘往、霞舉雲飛、繁盛若此、亦俱有天然山水垣局也。

從來觀天象者、每以星垣配合分野而言。觀象圖攷曰、赤道合地球熱帶間、以十二宮配之、中華應分奎璧、英國應分天市。清聖祖嘗以古人以天市爲北京分野、初疑其說。復謂細玩天球、中國去赤道二十四度至四十度、在穀雨立夏小滿三節氣上、天市垣去赤道二十四度、而又認爲古人之說有據。西方學者、論地面與天體之分配。謂阿畢司巴臣氏、所著圖說、以黃道之經綫與地球經綫配合、可得管轄地面經度星座及度數。攝化尼羅氏測地均衡論、以爲地球經綫零度、與黃道帶之白羊零度配合、則又從中天所在地而定。又謂保羅哥司氏、建立地球各區、與天體座位分配、尚非標準、極感困難。對於現在還有不同意見、亟待多方研究、方可獲得天體分配地區管轄之方法。以上所舉、古自古、今自今、中外殊致。余論港九垣局、但依楊公經旨、不談分星定野。在天成象、在地成形、均以山形水勢定之。庶乎可免附會穿鑿之譏。

撼龍經曰、垣有四門號天市。又曰、百源來聚天市垣。援此以本港山川形勢、配合天市垣。天市垣者、天帝之泉府也。位臨艮地、中有帝座。天紀九星、東北廻環。市樓六星居南。東有五星爲斗、四星爲斛。西有二星名帛度。垣牆兩扇、左右列宿各十四、不屬於四門矣。余僑港多年、閒常攬其星峯、按其方向、如大帽山之高入雲霄、允符帝座。八仙嶺與燈籠、白雲、大刀岌、大瀝、麻雀、鷄公、笏鷄、大羅諸山、羣峯肅穆、左右班聯、真不啻天紀九卿。港方扯旗山、柏架山、與南丫島、青衣、鳳凰、大嶼、一帶、儼若崇墉傑構、正屬當門市樓。右有青山、九徑、聯成一串、實爲帛度。左有龍嶺獅峯、炮台、馬鞍、大藍、石屋、蛇頭、橘樹、大魚、各山、參錯其間、爲斗爲斛。天市之四門也。珠江滙西南衆流、浩浩湯湯、隨龍東注。天市之百源也。雖星座有廣狹、垣宿有參差、不能從板定刻劃。苟能融會貫通、自有天然湊合之奧妙。若夫論垣局以辨機祥、參以經星主占、星學預言。天市垣、國市也、主權衡、聚民衆、爲商賈繁盛交易之所。天紀、秉鈞衡、肅紀綱、而齊秩序。市樓定市價、綰舶來、其陽爲金錢、其陰爲珠玉、萬方輻輳、而寶藏興焉。斗斛豐盈、民生自裕。帛度量平、商人不欺也。先哲有言、以人爲鑑、美惡畢呈。師青今將垣局揭出、則現在之趨勢、可資爲證。將來之發展、亦可得而言焉。港九星垣、推尊大帽。莊嚴璀燦、實冠羣倫。八仙諸峯、廻環帝座、揆之天紀、位盡公卿、洵足屏藩我后。古制三公弁列、大尉掌全國之兵、職權尤重。泉府精華、薈萃市樓、所謂陽金陰玉、輦來胥在於此。南丫、大嶼兩島、將來樓宇連雲、層層金碧、可爲萬國互市之商場。若論青山、九徑帛度、占經謂度量平、民不欺、從農民交易立言。然帛者、爲繒爲綢爲布、度者、出品多而不可以度計也。此方星應、不在農業而在紡織、前途工業振興、發展未可限量。環繞帝座之斗斛、占經謂斗與斛、爲歲熟糧豐、農民自裕。如獅子山、馬鞍山、九龍嶺、石屋、大魚、二星主應、豈只爲礦產農林之區、其富庶必有長足進展。此斗斛之不量粟粒而量珠玉者在此也。以撼龍經之察行度、辨九星、瞻彼垣局、四美具矣。

若夫辨元運、論挨星、分順逆、定盛衰、此又不可不知。天玉經曰、干維乾艮巽坤壬、陽順星辰輪。支辰坎震離兌癸、陰卦逆行取、分定陰陽歸兩路、順逆推排去、知生知死亦知貧、留取教兒孫者。乃我國地學、推算山川氣運之秘訣。余有圖說、詳載所著地學鐵骨秘中、可資參攷。總觀全局、綴以韻言。

港上星辰我欲探、游龍夭矯歷巉巖。紆迴起伏多傳變、撥盡沈沙渡海尋。昂船洲裏潛行跡、文曲委蛇右弼兼。知吾道眼高懸處、他日相逢一駐襜。五分破祿二文廉、武巨貪狼亦占三。武主富兮巨主貴、貪尤富貴不平凡。若從破祿廉文論、爲凶爲吉尚須參。天下山山多破祿、三吉相隨作貴談。旗山主曜勢尊嚴、座擁西南祿帶貪。萬方輻輳冠裳集、應運雄飛具爾瞻。

一九六四年一月出版

香港山脈形勢論

著作者：吳師青

出版者：中天貿易公司

承印者：強華印務

如何應用日景羅經

吳師青著

如何應用日景羅經

虛白廬藏

如何應用日景羅經目次

目次

如何應用日景羅經序

磁石之性、我國在數千年前、卽能利用之而製指南車、車上仙人、手隨向轉而指南者、因磁石納於仙人掌內、安置仙人於針頂上、而使其掌常指南也。磁化之法、以我國發明爲最早、可斷言也。宋代司南儀之製作、由焠火以賦磁性而成、沈括謂方家以磁石爲針、亦爲一徵、或謂西方羅盤由波斯人與阿拉伯人以定航船方向而創製、不知我國古代、早有羅盤、中置磁針於磁毗連之圈中、內一圈刻八卦、外一圈刻地支、再外一圈刻十二生肖形體、用以測定南北之子午距離方向。惟是磁針指南、並非天上正南、且現代建築物、均賴鋼筋、更因車輛飛機艦艇等交通工具之響影、磁針受其吸引、不免誤差更大。若堪輿家之觀墓相宅、仍以羅針爲指歸、則南轅北轍、不啻天淵之別矣。吳師青先生有鑒於此、而有日景羅經之創製、並附用法、推定廿載格林時角、與黃赤距度簡表、俾施用者易於計算、堪稱利便、祇要知當地北緯高下、赤緯南北、同名異名、東加西減、轉爲當地時角、便可得天體子午眞線、誠辨方定向之眞訣也。我友吳君師青、自民國十三年以還、先後著有「地學鐵骨秘」、「撼龍經眞義」、「樓宇寶鑑」、「香港山脈形勢論」、「天體曆彙編」、「中國七政四餘星圖析義」諸書、蔚爲大觀、可謂學究天人、名貫中西、誠爲我國古天文學之最有權威者矣。今值如何應用日景羅經一書出版、屬序於余、謹書此以歸之。

中華民國五十九年(一九七零年)夏月　陳孝威謹識

如何應用日景羅經

吳師青著

羅經指南針誤差考證

羅經之制、其源甚遠、始於古代指示方向之指南車、宋史輿服志稱、指南車一名司南車、赤質、兩廂畫青龍白虎、四面畫花鳥樓臺、勾欄縷拱、四角垂香囊、上有仙人、車雖轉而手常指南、仁宗天聖五年、工部郎中燕肅上奏、畧言黃帝與蚩尤戰於涿鹿之野、大霧迷濛、軍士不知所向、帝遂作指南車、定其方向、而擒蚩尤、周成王時、越裳氏捧琛重譯來朝、使者失道、周公以指南車導其回國、其後製法不傳、漢張衡魏馬鈞繼作之、屬世亂離、其器不存。

宋武帝在長安、嘗爲此車，而制不精、祖冲之亦復造之、後魏太武帝使郭善明造車、彌年不就、使扶風馬岳造之、垂成、善明忌而鴆之、其法遂絕。

按宋史所述指南車沿革、其詞甚簡、而於指南之理、未嘗涉及、所謂上有仙人、車雖轉而手常指南、是磁石所發生之作用、其理乃基於磁機之常、磁機之制、其法極便、如用絨料包裹銅絲、纏繞小鋼條百餘週、再將銅絲之兩端、接連電池陰陽二極、磁氣卽由電氣通過銅絲、傳繞鋼條、而成爲磁機、故用細銅條一枝、以絲線系其中間、懸於空際、卽無一定之方向、如將條之兩端、與磁機之兩端相磨擦、必指南北而成定向、惟此爲商用製造磁鐵法、屬於暫時磁體耳。

關於司南之記錄、在公元前韓非子有度篇所載、此爲最早、戰國末呂覽所稱、鉄有慈母懷子之文、卽言磁石有吸針之力、有如慈母不離其子於懷也、慈與磁同音、可以通用、由此觀之、可知磁石之發現、磁石之吸鉄、與磁鉄能指南北極之觀察、與在司南製造之先、攷司南之製、以天然磁石琢磨成爲勺形、大小與湯匙畧同、所異者、匙底爲平面、司南之底則爲球形、能在平滑之物體上、自由轉動、用青銅方盤、盤週刻有干支、以定方向、盤之中央、有直徑光滑之核心、球底之勺、放置此核心上、卽能轉動地磁場之南北停止、宋仁宗時、又有指南魚之製、由勺形之司魚、在銅盤上轉動之形式、改爲魚形、磁鉄在水上浮動、避免磨擦、轉動較前靈敏、卽當時已有磁鉄化之智識、由天然之磁石、改進爲人工之磁鉄、以磁片剪成魚形、焠之以火、可浮水面、以指南北也。

至於王趙卿論針法、謂虛危之間針路明、南方張宿度三乘、則徒執虛危之間爲定規、而不攷列宿歲差之度數、胡可得也。又如胡國禎「羅經解定」謂用針之際、須正心誠意、端放羅盤、執針在手、叩齒三聲、默咒曰、天有三奇、地有六儀、精靈奇怪、故氣伏屍、黃砂赤土、瓦礫墳墓、方廣百步、隨針見之、咒畢下針、針必三擲、或七擲爲準、始可以驗。八針之氣、曰搪、兑、欺、扻、沉、逆、昃、正、以正爲順、其餘爲逆、氣吉作順、氣凶作逆、天心既正、四維克張、造化莫遁矣、故神其事、莫測高深、抑何可笑、其中所謂順逆、更屬無稽、堪輿四大名家之廖瑀、謂金針畏火、不敢指於正南、以南方屬火、火能尅金、故畧偏於丙午之間、廖氏當時未明磁極影響偏差、欲求其理而不得、徒言金針畏火耳。

磁針誤差之論、古今中外、皆已知之審矣、西方學者、將理論與實際、互相結合研究、對於羅針、有所改進、十八世紀中葉、羅蒙諾索夫、曾提議製一大羅盤、以便紀錄磁針在船行過程中、方向之微小偏差、羅又曾提議、預備一自記羅盤、使能自動記錄航程之變更、在十九世紀船之製造、用鉄爲軀幹、以致羅盤指針、發生偏角之差點、故名之爲「羅經差」、船在航行時、決定方向之偏角圖、往往因失去作用、且易招致船舶遇險、嗣經多方研究、始利用永久磁體、與軟鉄塊、安放在船上羅盤相互間之準確位置、使與船各個方向之羅經差數値相適應、其法爲船在港內時、先按不同之各方向、掉頭行駛一次、同時用特製之磁強針、量出船上之磁強度、以確定各個羅經差數值、然後以永久磁體、與軟鉄塊、按一定規矩、放置於羅經近旁、以正羅針之差值、如是措施、誠非易事、但亦非堪輿家之所適用也。

西洋講羅經之學、見於十三世紀、在羅盤發明後若干年間、有人發現磁針所指之方向、非地球之正南與正北、因羅盤磁北向地球北極、相差之角、名曰磁偏角、磁偏角有無固定性、初尚不明、迄至一四九二年、科崙布去美洲時、中途發現亞連爾羣島附近某處、偏角爲「零」、始知磁偏角之因地而異。

現據一九六八年、英國愛丁堡大學地理系、屈臣教授所編在哥連斯朗文、聯合出版之「高級地圖集」、地磁北極、約位於北緯七十五度、西經一百零一度、即在巴塞斯的島之西南岸、墨爾維兒子爵海峽中、其南爲威爾斯王子島、此地磁北極、不斷地在加拿大北極地帶中部、作慢性移動、在一九四六年、其位置爲北緯七十四度、西經九十六度、卽在森麥色的島上西部海岸、此種移動、造成羅經之正北、與地球之北極之偏差、若羅盤所在地之北緯度數大、則其偏差亦大、例如在倫敦、其北緯約爲五十二度、相當於中國黑龍江省之極北地區、於一八〇二年、指南針所指之北方、約在地球北極之西二十四度、在一九六二年、則約在其西八度、在香港北緯廿二度、以其緯度之數較低、故偏差角度尚小、根據英國政府一九六四年十二月在香港舉行之空中測量、而於一九六八年發表之新香港分區地形圖、一九六五年度之偏差、約爲一度十九分、（卽地磁北極、在地球北極西面一度十九分）、而每年之移動、在香港預測、約爲向西移動一分、至於南極地磁之位置、一向未能較定準確指出者、因探險家對南極洲之認識時間尙短、在一九四一年、相信南極地磁、位於南緯七十度、東經一百四十九度之澳洲屬土、英皇佐治第五世領地、一九五五年移至南韓六十八度、東經一百四十三度、而於一九六二年、則移至聯邦海岸、在南韓七十六度、東經一百四十二度、向法屬之愛德黎地方之科學研究站接近。

我國舊傳之地理大成「羅經解」正針丙午之間、爲天極之子午、正針午丁之間、爲日影之子午、日影之子午、爲日木針一百二十分金、皆非也。須知地磁子午、與地理子午攸分、有謂以羅針正北、可對正極星、亦非也。盖地理子午、由地軸伸至極星、極星卽爲天球之正北、雖有偏差、尙屬微小、國際天文曆書、每年對於極星位置、均有報告。人人皆可通曉也。我國堪輿之學、非理氣不爲功、而理氣之機、皆由於考象、考象之法、全在測天、若昧測天之術、則鹿馬不分、菽麥不辨、何由定其方位、而論吉凶耶。至於鋼鉄影響自差、亦當注意、試將普通羅經相宅、在新式樓宇內、及新式樓宇外、互相比較、則度數相差之巨、昭然若揭矣。

古之正向辨方法

古法測影辨方、多以日出日沒、而推測定向。但一年三百六十五日中、太陽從正東方而出、從正西而落、只有春分秋分兩節。須知太陽週年視行之路線、乃爲黃道與天球相交之點、大約二十三度三十分。在黃道上、春、夏、秋、冬、四季、各有不同、其日出日沒位置亦異。而黃道與赤道之交點、則爲春分、秋分兩點、若以測影辨方、一年之中、非所常見者也。春分過後、則太陽每天從黃道漸向北偏移、是出於東北、而落於西北。直至夏至．太陽則在東北升起、在西北降落。一過夏至、太陽升起位置、每天接近東方、日落位置、每天接近西方。直至秋分、則日又出於正東、而落於正西矣。秋分過後、日出日落位置、則漸離開東方與西方、而偏向東南與西南。一到冬至、太陽在東方與南方之間升起、而在西方與南方之間降落。以後太陽直射點、每天向北移動。直至春分、日出日落又從正東正西矣。人之所處緯度高低不同、而日出日落又自發生變化、除春分秋分兩季節之外、其餘皆未得其眞確。若以大體而言、春天與秋天、太陽自東落西。夏天太陽出東北、落西北。冬天太陽出東南落西南。總而言之、每天正午時間、一切直立物體、其影最短、卽爲太陽最高之位置。對於北回歸線以北之地區而論、卽是吾人頭頂之正南、謂曰日中爲南。但在夏至時、北回歸線以南之地區、或在春分以後、秋分以前。赤道以南之地區、或者任何時候、在南回歸線以南之地區、所看到太陽最高時、在天空位置、是在吾人頭頂之北方。不管太陽最高時、在頭頂之南、或在頭頂之北、只看物體之影最短時爲準。但欲辨別物體之影如何爲最短、實非我人眼睛中所易觀察。必須以日景羅經或圓規針表座、照法施用方能準確眞正子午、圓規針表座用法、詳圓規針表座圖下端。此法我國天文學家高平子謂：希臘天文家亦用之、現代天文測量猶用其意「據考工記」、則我國亦自古用之、如高厚蒙求、選擇絜要、天文綜要等書、記載頗詳、謂古人正方辨向衹用土圭、說者謂古無羅經、故定以日影、不知指南肇自軒轅、由來已久、而不用羅經、蓋亦有見乎羅經之製、有未盡善之故耳。至於擇日諏時、以羅經爲各事之準繩者、其趨吉避凶、顧亦不可不愼者也。

日景羅經之特色

日景羅經、其特點爲不受任何鋼鐵之影響、蓋因舊式羅經、磁針所指子午、非眞正天之南北子午、乃地磁之子午也。梅文鼎曰：「天上正南、非羅針所指之南」、又謂：「針之所指、隨處不同、不可不知」。此與現代磁極有移動、星曜有歲差、東經西經、南緯北緯、隨地偏差不同之說相符、誠哉言也。（梅文鼎、清宣城人、精算學天學、著有天算書八十餘種。）時至今日、人爲之變動、與時俱進、都市之樓宇、地面之車輛、海上之艦艇、空中之飛機、無一不與鋼鐵有關。則由其感應自差之影響、更足驚人、試與偏差並計、則舊式羅經、根本已失效用矣。以故、如其地區、並無自差存在、或自差微小、僅於東經北緯二十五度以下、磁偏差一至二度有奇、如在香港北緯廿二度、磁偏差約爲一度廿五分西、台北、緯度二十四度五十八分、磁偏差約爲一度五十四分、花蓮一度廿六分、恒春一度三分、澎湖一度二分之類、則以一卦管三山之宅法論宅、尚可權用。但在北緯廿五度以上之地區、則宅法亦不可用矣。至論墓地、更差之毫釐、失之千里、雖在北緯廿五度以下、亦決不能權用。若在西經低緯零度附近、磁偏差已有五度至二十度之巨、高緯四十度以上、則更有廿五至五十度之巨差、如用舊式羅經、正如梅氏所言、針之所指、隨處不同。若再加以鋼鐵影響、而發生自差、則不僅眞子午之難求、東西方向亦將失據矣。觀此可知舊式羅經其不能作爲準天體眞子午、其理甚明、無待申說。余今所製日景羅經、根據太陽眞方位、投影於對宮度數、旣可確定天體眞子午、與地理眞方向。又可避去自然界之威脅、更能符合地磁之偏差、較磁傾儀量測、更有把握。因儀針尙須防有自差之弊、而此日景羅經、則純以太陽投影度數爲基點、矯枉歸正、法簡用宏、此爲師青積數十年之經驗、而願公之於世者也。茲將用法詳釋如下：

日景羅經之用法

用者先查地方經度、推算太陽格林時角、東加西減、轉爲地方時角、然後查黃赤距度簡表、知是時屬赤緯南、抑赤緯北度數、及南北緯之高下、則可查閱太陽眞方位表、表中之同名異名、亦須分別、如北緯地區、是時屬赤緯北者、爲同名。屬赤緯南者、爲異名。然後以地方時角、查對太陽方位角表度數、是時應屬何度、再將羅經朝北、樹立針表、以水平尺準之、使表針投影、指正太陽方位之對宮度數、則該日景羅經中之子午線、爲天體之眞子午線也、如在北緯地區之方位、上午須由北數至東、下午由北數至西。南緯地區：上午須由南數至東、下午由南數至西。又須知太陽方位在東、取影必在西。方位在西、取影必在東。

吳師青著

推地方時角法

地方太陽時角、乃由格林太陽時角、以經度東西加減而產生、如在東經、香港地方平時、上午十時、卽從十時中減去標準時八時、便合於格林平時之上午二時、反之、如格林平時上午二時、卽爲香港平時上午十時、然後以格林平時之太陽時角、加香港經度一百一十四度十分、則爲香港地方時角矣。再將此時角、查北緯廿二度之太陽眞方位表、但須先查黃赤距度簡表、知當時係赤緯南或赤緯北度分、則知當時太陽之方位、應在何度。然後再將羅經中所立之表、使其表影指射太陽所值方位對宮之度、則日景羅經中之子午線爲眞子午線矣。其餘三百六十度、亦均如此。又如西經温哥華地方、平時上午十時、加標準時八時、則爲格林平時十八時（下午六時）、反之、在格林平時下午八時、則爲温哥華上午十時、然後以格林平時十八時之太陽時角、減温哥華之經度一百二十三度、如不足減時、則加三百六十度後再減、則爲温哥華地方之時角矣。再將此時角、查觀北緯四十九度之太陽方位角表、及黃赤距度簡表、當時屬赤緯南或赤緯北度分、則知當時太陽方位角應在何度、然後將羅經中所立之表、使其表影指射於太陽方位角對宮之度、則日景羅經中之子午線、爲眞子午線矣。其餘三百六十度、亦均如此。

論格林時角

按格林太陽時角、乃係劃一不變之度數、其增減極微、每日均由格林平時之零時至二十三時、分別計出分數、國際按年出版之天文曆書、計算雖極精審、然偏僻地區、購書非易、故特製未來廿年格林太陽時角簡表、及黃赤距度簡表、用者查表計算、卽可得正確之方向、縱有加減、其數亦微、普通研究地學者、無須修正也。又凡時角如在一百十八度、及三百六十度之間、亦可由三百六十度減之。

古天文學家 吳師青先生名著

樓宇寶鑑

（第二版出版）

香港中天貿易公司啓
香港郵政總局信箱一六〇一三號

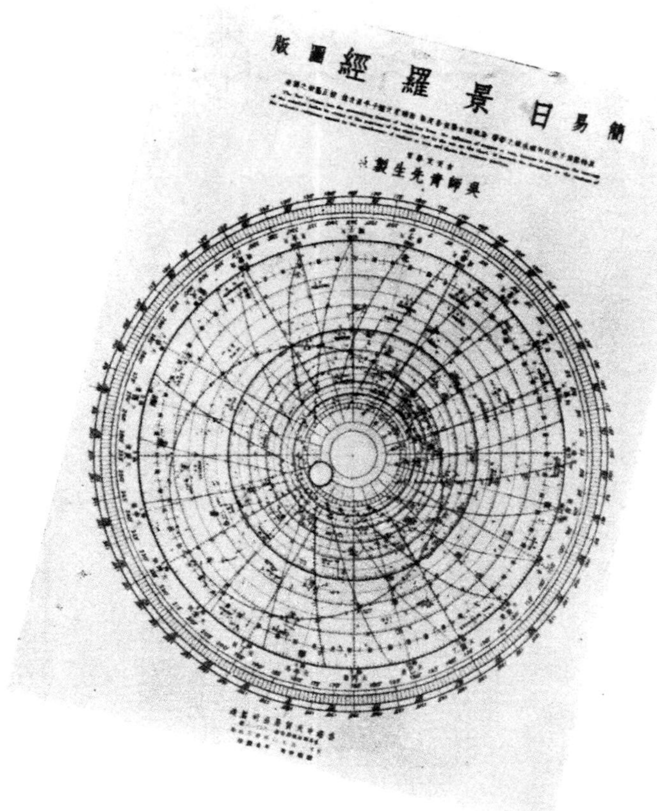

星座式

簡易日景羅經圖版、體積長十一吋二分、濶八吋三分、厚六分。可用柚木製造、中繪星座式圖。中心設配銅質圓形小孔、以備豎立表針、右壁螺絲小洞、爲裝表針及水平尺之用、堪稱簡易。

【附註】在「樓宇寶鑑」現在新出、第二版書面上、印有此「日景羅經圖」、可作「日景羅經」代用。如相宅者、未有「日景羅經」、可向本公司購買小型銅針座、用法與「日景羅經」同、惟須較正水平、并熟閱「如何應用日景羅經」一書。

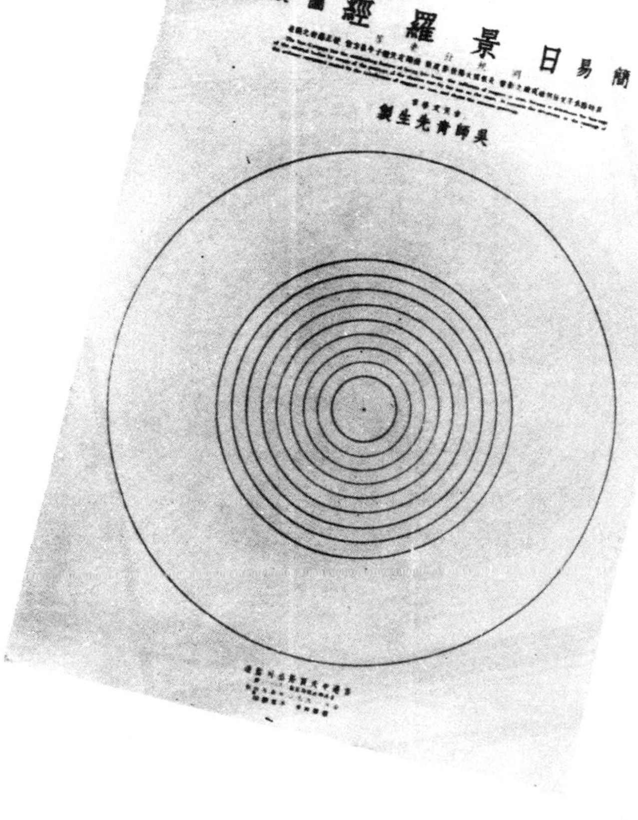

圓規式

圓規針表座用法

每天在上午十一時左右、移桌於有日光之處、安置圓規針表座於沙盤之上、朝北、然後將表針插於銅針座小孔上、較準水平、視其針端日影、出入圓規之處、凡影切六、五、或四、三、二、一、圓規界時、以尖墨筆識之、俟午後日影伸長至一、二、三、四、或五、六、圓規界時、亦識之、然後擇其兩距相等之同一圓規者、將羅針眞子午線畧之子午中線、折取其中、則畧上之子午、及廿四山、與三百六十度均眞矣。施用時以上午十一時左右爲宜、但須費三二小時。

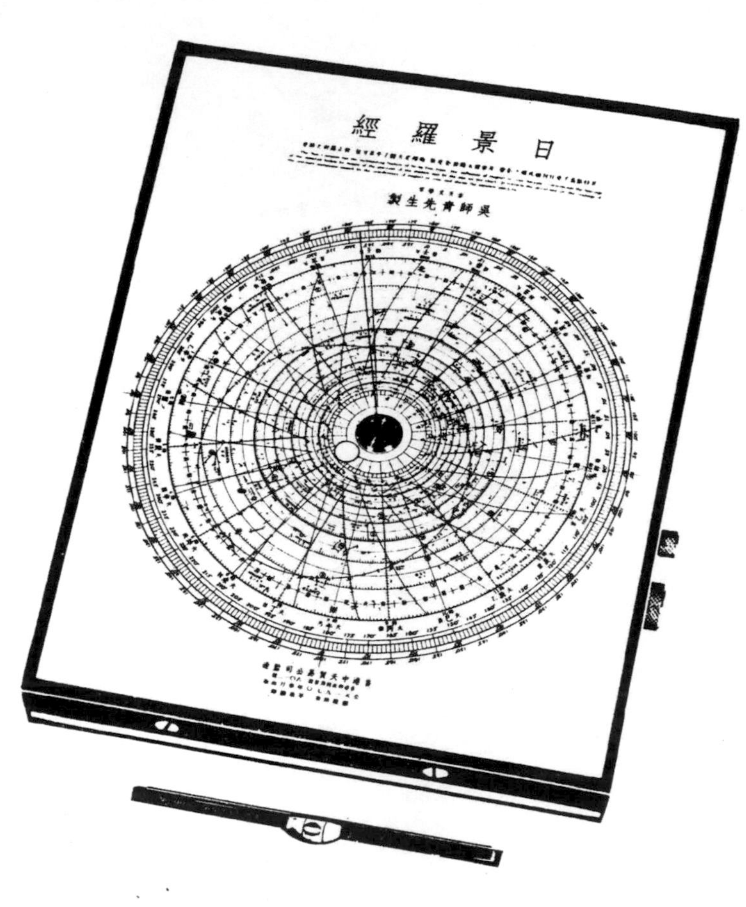

星座式

精製日景羅經，體積長十一吋二分，濶八吋三分，厚六分。用積層電木製成，週鑲銅邊，中繪星座式圖。以透明膠片蓋面，中心設配銅質圓形小孔，以備豎立表針。右壁兩螺絲小洞，爲裝表針及美製水平尺之用，攜帶輕便。

易經式

精製日景羅經，體積長十一吋二分，濶八吋三分，厚六分。用積層電木製成，週鑲銅邊，中繪易經式圖。以透明膠片蓋面，中心設配銅質圓形小孔，以備豎立表針。右壁兩螺絲小洞，爲裝表針及美製水平尺之用，携帶輕便。

北緯廿二度適用之地區：（欲採用日景羅經、須明該地區緯度、方得準確。）

【香港】　標準時八時：北緯廿二度十八分，東經一百一十四度十分。

【九龍】　標準時八時：北緯廿二度廿二分，東經一百一十四度六分。

【澳門】　標準時八時：北緯廿二度零七分，東經一百一十三度十分。

【巴基斯坦】　標準時五時卅分：北緯廿二度十七分，東經九十一度四十八分。

【墨西哥聖廖意波多西】　北緯廿二度零五分，西經一百度卅一分。

【西南非洲温得和克】　標準時一時：南緯廿二度廿分，東經十七度〇分。

北緯二十五度適用之地區：

【台北】　標準時八時：北緯廿四度五十八分，東經一百二十一度廿二分。

【基隆】　標準時八時：北緯廿五度〇分，東經一百廿二度〇分。

【印度巴德拿】　標準時五時卅分：東經八十五度〇一分。

【巴基斯坦喀剌蚩】　標準時五時卅分：東經六十七度〇分。

【墨西哥庫里阿根】　標準時六時：北緯廿四度四十九分，西經一百零七度卅三分。

【多利安】　標準時六時：北緯廿五度卅二分，西經一百零三度卅八分。

黃赤距度簡表

由上數下	夏至未 赤緯北 度	冬至丑 赤緯南 分	大暑午 赤緯北 度	大寒子 赤緯南 分	處暑巳 赤緯北 度	雨水亥 赤緯南 分	
節日	二三	二九	二十	一一	一一	二九	三十
一日	二三	二八	一九	五八	一一	○八	二九
二日	二三	二八	一九	四五	一十	四六	二八
三日	二三	二六	一九	三一	一十	二五	二七
四日	二三	二五	一九	一七	一十	○三	二六
五日	二三	二三	一九	○三	○九	四一	二五
六日	二三	二十	一八	四八	○九	一九	二四
七日	二三	一七	一八	三三	○八	五七	二三
八日	二三	一四	一八	一八	○八	三五	二二
九日	二三	一十	一八	○二	○八	一二	二一
十日	二三	○六	一七	四六	○七	四九	二十
十一	二三	○一	一七	三十	○七	一七	一九
十二	二三	五六	一七	一三	○七	○四	一八
十三	二二	五十	一六	五六	○六	四一	一七
十四	二二	四四	一六	三九	○六	一八	一六
十五	二二	三八	一六	二一	○五	五五	一五
十六	二二	三一	一六	○四	○五	三一	一四
十七	二二	二四	一五	四六	○五	○八	一三
十八	二二	一六	一五	二七	○四	四五	一二
十九	二二	○八	一五	○九	○四	二一	一一
二十	二一	五九	一四	五○	○三	五八	十日
二一	二一	五○	一四	三一	○三	三四	九日
二二	二一	四○	一四	一二	○三	一十	八日
二三	二一	三一	一三	五二	○二	四七	七日
二四	二一	二十	一三	三二	○二	二三	六日
二五	二十	一十	一三	一二	○一	五九	五日
二六	二十	五九	一三	五二	○一	三五	四日
二七	二十	四七	一二	三二	○一	一一	三日
二八	二十	三五	一二	一一	○○	四七	二日
二九	二十	二三	一一	五○	○○	二二	一日
三十	二十	一一	一一	二九	○○	○○	節日
	小雪寅 赤緯南 度	小滿申 赤緯北 分	霜降卯 赤緯南 度	穀雨酉 赤緯北 分	秋分辰 赤緯南 度	春分戌 赤緯北 分	由下數上

用太陽曆節氣查黃赤距度表、可得大略。然在固定日期、常有多一天或少一天。如雨水二月廿日、春分三月廿一日、穀雨四月廿一日、小滿五月廿二日、夏至六月廿二日、大暑七月廿四日、處暑八月廿四日、秋分九月廿四日、霜降十月廿四日、小雪十一月廿三日、冬至十二月廿三日、大寒一月廿一日之類。若欲知確定日期、可查普通日曆。

吳師青著

太陽格林時角簡表

一九七〇年至一九八九年適用

月份 / 日序	一月	二月	三月	四月	五月	六月	七月	八月	九月	十月	十一月	十二月
	度十分	度十分	度十分	度十分	度十分	度十分	度十分	度十分	度十分	度十分	度十分	度十分
一日	四一一	一三七	一五二	三五八	五四二	五三六	四〇六	三二五	四五七	七三一	九〇五	七四八
二日	四〇四	一三五	一五五	四〇二	五四四	五三三	四〇三	三二六	五〇一	七三六	九〇六	七四三
三日	三五七	一三三	一五八	四〇七	五四六	五三一	四〇〇	三二七	五〇六	七四一	九〇六	七三七
四日	三五〇	一三一	二〇一	四一一	五四八	五二八	三五七	三二八	五一一	七四五	九〇六	七三一
五日	三四三	一三〇	二〇四	四一六	五四九	五二六	三五五	三三〇	五一六	七五〇	九〇六	七二五
六日	三三六	一二九	二〇七	四二〇	五五〇	五二三	三五二	三三一	五二一	七五五	九〇五	七一九
七日	三三〇	一二八	二一一	四二四	五五一	五二一	三四九	三三三	五二六	七五九	九〇五	七一二
八日	三二三	一二七	二一四	四二八	五五二	五一八	三四七	三三五	五三一	八〇三	九〇四	七〇六
九日	三一七	一二六	二一八	四三三	五五三	五一五	三四五	三三七	五三六	八〇七	九〇三	七〇〇
十日	三一一	一二六	二二二	四三七	五五四	五一二	三四二	三三九	五四一	八一二	九〇二	六五三
一一	三〇五	一二六	二二六	四四一	五五五	五〇九	三四〇	三四一	五四七	八一六	九〇〇	六四六
一二	二五九	一二六	二三〇	四四五	五五五	五〇六	三三八	三四三	五五二	八一九	八五九	六三九
一三	二五三	一二六	二三四	四四九	五五六	五〇三	三三六	三四五	五五七	八二三	八五七	六三二
一四	二四七	一二六	二三八	四五三	五五六	五〇〇	三三五	三四八	六〇二	八二七	八五五	六二五
一五	二四二	一二七	二四二	四五六	五五六	四五七	三三三	三五一	六〇八	八三〇	八五二	六一八
一六	二三七	一二七	二四六	五〇〇	五五六	四五四	三三一	三五四	六一三	八三四	八五〇	六一一
一七	二三一	一二八	二五〇	五〇四	五五五	四五〇	三三〇	三五七	六一八	八三七	八四七	六〇三
一八	二二六	一二九	二五五	五〇七	五五五	四四七	三二九	四〇〇	六二四	八四〇	八四四	五五六
一九	二二二	一三〇	二五九	五一〇	五五四	四四四	三二八	四〇四	六二九	八四三	八四一	五四九
二十	二一七	一三二	三〇四	五一四	五五四	四四一	三二七	四〇七	六三四	八四六	八三八	五四一
二一	二一三	一三三	三〇八	五一七	五五三	四三七	三二六	四一一	六四〇	八四八	八三四	五三四
二二	二〇八	一三五	三一二	五二〇	五五二	四三四	三二五	四一四	六四五	八五一	八三〇	五二六
二三	二〇四	一三七	三一七	五二三	五五一	四三一	三二四	四一八	六五〇	八五三	八二六	五一九
二四	二〇〇	一三九	三二二	五二六	五五〇	四二八	三二四	四二二	六五六	八五五	八二二	五一一
二五	一五七	一四一	三二六	五二九	五四八	四二四	三二四	四二六	七〇一	八五七	八一八	五〇四
二六	一五三	一四四	三三一	五三一	五四七	四二一	三二三	四三〇	七〇六	八五九	八一四	四五七
二七	一五〇	一四六	三三五	五三四	五四五	四一八	三二三	四三四	七一一	九〇〇	八〇九	四四九
二八	一四七	一四九	三四〇	五三六	五四四	四一五	三二三	四三八	七一六	九〇二	八〇四	四四二
二九	一四四	一五二	三四四	五三八	五四二	四一二	三二四	四四三	七二一	九〇三	七五九	四三四
三十	一四一		三四九	五四〇	五四〇	四〇九	三二四	四四七	七二六	九〇四	七五四	四二七
三一	一三九		三五三		五三八		三二五	四五二		九〇五		四二〇

格林平時	增加度數
〇時	一七五
一時	一九〇
二時	二〇五
三時	二二〇
四時	二三五
五時	二五〇
六時	二六五
七時	二八〇
八時	二九五
九時	三一〇
十時	三二五
一一	三四〇
一二	三五五
一三	一〇
一四	二五
一五	四〇
一六	五五
一七	七〇
一八	八五
一九	一〇〇
二十	一一五
二一	一三〇
二二	一四五
二三	一六〇

查表法

例如一月一日格林時角4°11''、如格林平時在〇時、則增加175°、共得179°11''、如一時則增加190°、共得194°11''、即為是日是時之格林時角。如二月一日格林時角1°37''、格林平時〇時、則增加175°、共得176°37''、一時則增加190°、共得191°37''。即為是日是時之格林時角。又如二月一日、格林時角1°37''、如格林平時二時、則增加205°、共得206°37''、即為是日是時之格林時角。餘類推、若欲轉為地方時角、則以當地經度、東加西減即得。

太陽眞方位(或方位角)表

北緯二十二度與赤緯同名

赤緯/時角	廿四度	廿三度	廿二度	廿一度	二十度	十九度	十八度	十七度	十六度	十五度	十四度	十三度	十二度	十一度	十度	九度	八度	七度	六度	五度	四度	三度	二度	一度	〇度	赤緯/時角
三六〇	〇	〇	〇	一八〇	一八〇	一八〇	一八〇	一八〇	一八〇	一八〇	一八〇	一八〇	一八〇	一八〇	一八〇	一八〇	一八〇	一八〇	一八〇	一八〇	一八〇	一八〇	一八〇	一八〇	一八〇	〇
三五九	二五	四二	九〇	一三七	一五五	一六三	一六七	一六九	一七一	一七二	一七三	一七四	一七四	一七五	一七五	一七六	一七六	一七六	一七六	一七七	一七七	一七七	一七七	一七七	一七七	一
三五八	四二	六一	九〇	一一八	一三七	一四八	一五五	一五九	一六二	一六五	一六六	一六八	一六九	一七〇	一七一	一七一	一七二	一七二	一七三	一七三	一七四	一七四	一七四	一七四	一七五	二
三五七	五四	七〇	八九	一〇九	一二五	一三六	一四四	一五〇	一五四	一五七	一六〇	一六二	一六四	一六五	一六六	一六七	一六八	一六九	一六九	一七〇	一七〇	一七一	一七一	一七二	一七二	三
三五六	六一	七四	八九	一〇四	一一七	一二八	一三六	一四二	一四七	一五一	一五四	一五六	一五八	一六〇	一六二	一六三	一六四	一六五	一六六	一六七	一六七	一六八	一六八	一六九	一六九	四
三五五	六六	七七	八九	一〇一	一一二	一二二	一三〇	一三六	一四一	一四五	一四八	一五一	一五四	一五六	一五七	一五九	一六〇	一六一	一六三	一六三	一六四	一六五	一六六	一六六	一六七	五
三五四	六九	七九	八九	九九	一〇九	一一七	一二四	一三〇	一三六	一四〇	一四四	一四七	一四九	一五二	一五三	一五五	一五七	一五八	一五九	一六〇	一六一	一六二	一六三	一六四	一六四	六
三五三	七一	八〇	八九	九七	一〇六	一一三	一二〇	一二六	一三一	一三五	一三九	一四二	一四五	一四八	一五〇	一五二	一五三	一五五	一五六	一五七	一五八	一五九	一六〇	一六一	一六二	七
三五二	七三	八一	八九	九六	一〇四	一一〇	一一七	一二二	一二七	一三一	一三五	一三八	一四一	一四四	一四六	一四八	一五〇	一五二	一五三	一五四	一五六	一五七	一五八	一五九	一五九	八
三五一	七五	八一	八八	九五	一〇二	一〇八	一一四	一一九	一二四	一二八	一三二	一三五	一三八	一四一	一四三	一四五	一四七	一四九	一五〇	一五二	一五三	一五四	一五五	一五六	一五七	九
三五〇	七六	八二	八八	九四	一〇〇	一〇六	一一一	一一六	一二一	一二五	一二八	一三二	一三五	一三七	一四〇	一四二	一四四	一四六	一四七	一四九	一五〇	一五二	一五三	一五四	一五五	十
三四九	七七	八二	八八	九四	九九	一〇四	一〇九	一一四	一一八	一二二	一二六	一二九	一三二	一三五	一三七	一三九	一四一	一四三	一四五	一四六	一四八	一四九	一五〇	一五二	一五三	一一
三四八	七七	八三	八八	九三	九八	一〇三	一〇七	一一二	一一六	一二〇	一二三	一二六	一二九	一三二	一三四	一三七	一三九	一四一	一四二	一四四	一四五	一四七	一四八	一四九	一五〇	一二
三四七	七八	八三	八八	九二	九七	一〇二	一〇六	一一〇	一一四	一一七	一二一	一二四	一二七	一二九	一三二	一三四	一三六	一三八	一四〇	一四二	一四三	一四五	一四六	一四七	一四八	一三
三四六	七九	八三	八七	九二	九六	一〇〇	一〇四	一〇八	一一二	一一五	一一九	一二二	一二五	一二七	一三〇	一三二	一三四	一三六	一三八	一三九	一四一	一四三	一四四	一四五	一四六	一三
三四五	七九	八三	八七	九一	九五	九九	一〇三	一〇七	一一〇	一一四	一一七	一二〇	一二三	一二五	一二八	一三〇	一三二	一三四	一三六	一三七	一三九	一四〇	一四二	一四三	一四四	一五
三四四	七九	八三	八七	九一	九五	九八	一〇二	一〇六	一〇九	一一二	一一五	一一八	一二一	一二三	一二六	一二八	一三〇	一三二	一三四	一三五	一三七	一三九	一四〇	一四一	一四三	一六
三四三	七九	八三	八七	九一	九四	九八	一〇一	一〇四	一〇八	一一一	一一四	一一六	一一九	一二一	一二四	一二六	一二八	一三〇	一三二	一三四	一三五	一三七	一三八	一四〇	一四一	一七
三四二	八〇	八三	八七	九〇	九四	九七	一〇〇	一〇三	一〇六	一〇九	一一二	一一五	一一七	一二〇	一二二	一二四	一二六	一二八	一三〇	一三二	一三三	一三五	一三六	一三八	一三九	一八
三四一	八〇	八三	八六	九〇	九三	九六	九九	一〇二	一〇五	一〇八	一一一	一一三	一一六	一一八	一二〇	一二二	一二五	一二六	一二八	一三〇	一三二	一三三	一三四	一三六	一三七	一九
三四〇	八〇	八三	八六	八九	九二	九六	九八	一〇一	一〇四	一〇七	一一〇	一一二	一一四	一一七	一一九	一二一	一二三	一二五	一二七	一二八	一三〇	一三二	一三三	一三五	一三六	二〇
三三九	八〇	八三	八六	八九	九二	九五	九八	一〇一	一〇三	一〇六	一〇八	一一一	一一三	一一五	一一八	一二〇	一二二	一二三	一二五	一二七	一二九	一三〇	一三二	一三三	一三四	二一
三三八	八〇	八三	八六	八九	九二	九四	九七	一〇〇	一〇二	一〇五	一〇七	一一〇	一一二	一一四	一一六	一一八	一二〇	一二二	一二四	一二五	一二七	一二九	一三〇	一三二	一三三	二二
三三七	八〇	八三	八六	八八	九一	九四	九六	九九	一〇一	一〇四	一〇六	一〇九	一一一	一一三	一一五	一一七	一一九	一二一	一二二	一二四	一二六	一二七	一二九	一三〇	一三一	二三
三三六	八〇	八三	八五	八八	九一	九三	九六	九八	一〇一	一〇三	一〇五	一〇八	一一〇	一一二	一一四	一一六	一一八	一一九	一二一	一二三	一二四	一二六	一二七	一二九	一三〇	二四
三三五	八〇	八三	八五	八八	九〇	九三	九五	九八	一〇〇	一〇二	一〇四	一〇七	一〇九	一一一	一一三	一一五	一一六	一一八	一二〇	一二一	一二三	一二五	一二六	一二七	一二九	二五
三三四	八〇	八三	八五	八八	九〇	九二	九五	九七	九九	一〇一	一〇四	一〇六	一〇八	一一〇	一一二	一一三	一一五	一一七	一一九	一二〇	一二二	一二三	一二五	一二六	一二八	二六
三三三	八〇	八三	八五	八七	九〇	九二	九四	九六	九九	一〇一	一〇三	一〇五	一〇七	一〇九	一一一	一一二	一一四	一一六	一一八	一一九	一二一	一二二	一二三	一二五	一二六	二七
三三二	八〇	八二	八五	八七	八九	九一	九四	九六	九八	一〇〇	一〇二	一〇四	一〇六	一〇八	一一〇	一一一	一一三	一一五	一一六	一一八	一二〇	一二一	一二二	一二四	一二五	二八
三三一	八〇	八二	八五	八七	八九	九一	九三	九五	九七	九九	一〇一	一〇三	一〇五	一〇七	一〇九	一一一	一一二	一一四	一一五	一一七	一一九	一二〇	一二一	一二三	一二四	二九
三三〇	八〇	八二	八四	八六	八九	九一	九三	九五	九七	九九	一〇一	一〇二	一〇四	一〇六	一〇八	一一〇	一一一	一一三	一一四	一一六	一一七	一一九	一二〇	一二二	一二三	三〇
三二九	八〇	八二	八四	八六	八八	九〇	九二	九四	九六	九八	一〇〇	一〇二	一〇四	一〇五	一〇七	一〇九	一一〇	一一二	一一四	一一五	一一七	一一八	一一九	一二一	一二二	三一
三二八	八〇	八二	八四	八六	八八	九〇	九二	九四	九六	九七	九九	一〇一	一〇三	一〇五	一〇六	一〇八	一一〇	一一一	一一三	一一四	一一六	一一七	一一八	一二〇	一二一	三二
三二七	八〇	八二	八四	八六	八八	九〇	九一	九三	九五	九六	九九	一〇〇	一〇二	一〇四	一〇六	一〇七	一〇九	一一〇	一一二	一一三	一一五	一一六	一一七	一一九	一二〇	三三
三二六	八〇	八二	八四	八五	八七	八九	九一	九三	九五	九六	九八	一〇〇	一〇二	一〇三	一〇五	一〇六	一〇八	一〇九	一一一	一一二	一一四	一一五	一一六	一一八	一一九	三四
三二五	八〇	八一	八三	八五	八七	八九	九一	九二	九四	九六	九八	九九	一〇一	一〇三	一〇四	一〇六	一〇七	一〇九	一一〇	一一二	一一三	一一四	一一五	一一七	一一八	三五
三二四	七九	八一	八三	八五	八七	八八	九〇	九二	九四	九五	九七	九九	一〇〇	一〇二	一〇三	一〇五	一〇六	一〇八	一〇九	一一一	一一二	一一三	一一四	一一六	一一七	三六
三二三	七九	八一	八三	八五	八六	八八	九〇	九二	九三	九五	九六	九八	一〇〇	一〇一	一〇三	一〇四	一〇六	一〇七	一〇九	一一〇	一一一	一一二	一一三	一一五	一一六	三七
三二二	七九	八一	八三	八四	八六	八八	八九	九一	九三	九四	九六	九八	九九	一〇一	一〇二	一〇三	一〇五	一〇六	一〇八	一〇九	一一〇	一一一	一一三	一一四	一一六	三八
三二一	七九	八一	八二	八四	八六	八七	八九	九一	九二	九四	九五	九七	九九	一〇〇	一〇二	一〇三	一〇四	一〇六	一〇七	一〇九	一一〇	一一一	一一二	一一四	一一五	三九
三二〇	七九	八一	八二	八四	八六	八七	八九	九〇	九二	九三	九五	九七	九八	九九	一〇一	一〇二	一〇四	一〇五	一〇六	一〇八	一〇九	一一〇	一一一	一一三	一一四	四〇
三一九	七九	八〇	八二	八四	八五	八七	八八	九〇	九二	九三	九五	九六	九七	九九	一〇〇	一〇二	一〇三	一〇四	一〇六	一〇七	一〇八	一〇九	一一〇	一一二	一一三	四一
三一八	七九	八〇	八二	八三	八五	八七	八八	九〇	九一	九三	九四	九六	九七	九八	一〇〇	一〇一	一〇三	一〇四	一〇五	一〇六	一〇八	一〇九	一一〇	一一一	一一三	四二
三一七	七九	八〇	八二	八三	八五	八六	八八	八九	九一	九二	九四	九五	九六	九八	九九	一〇一	一〇二	一〇三	一〇五	一〇六	一〇七	一〇八	一〇九	一一一	一一二	四三
三一六	七八	八〇	八一	八三	八四	八六	八七	八九	九〇	九二	九三	九五	九六	九七	九九	一〇〇	一〇一	一〇三	一〇四	一〇五	一〇六	一〇八	一〇八	一一〇	一一一	四四
三一五	七八	八〇	八一	八三	八四	八六	八七	八九	九〇	九一	九三	九四	九六	九七	九八	一〇〇	一〇一	一〇二	一〇三	一〇五	一〇六	一〇七	一〇八	一〇九	一一一	四五
三一四	七八	八〇	八一	八二	八四	八五	八七	八八	九〇	九一	九二	九四	九五	九六	九八	九九	一〇〇	一〇二	一〇三	一〇四	一〇五	一〇六	一〇七	一〇九	一一〇	四六
三一三	七八	七九	八一	八二	八四	八五	八六	八八	八九	九一	九二	九三	九五	九六	九七	九八	一〇〇	一〇一	一〇二	一〇三	一〇五	一〇六	一〇六	一〇八	一〇九	四七
三一二	七八	七九	八一	八二	八三	八五	八六	八八	八九	九〇	九二	九三	九四	九五	九七	九八	九九	一〇〇	一〇二	一〇三	一〇四	一〇五	一〇六	一〇八	一〇九	四八
三一一	七八	七九	八〇	八二	八三	八四	八六	八七	八九	九〇	九一	九二	九四	九五	九六	九八	九九	一〇〇	一〇一	一〇二	一〇四	一〇五	一〇五	一〇七	一〇八	四九
三一〇	七七	七九	八〇	八二	八三	八四	八六	八七	八八	八九	九一	九二	九三	九五	九六	九七	九八	九九	一〇〇	一〇二	一〇三	一〇四	一〇五	一〇六	一〇七	五〇
三〇九	七七	七九	八〇	八一	八三	八四	八五	八七	八八	八九	九〇	九二	九三	九四	九五	九七	九八	九九	一〇〇	一〇一	一〇二	一〇四	一〇四	一〇六	一〇七	五一
三〇八	七七	七八	八〇	八一	八二	八四	八五	八六	八七	八九	九〇	九一	九二	九四	九五	九六	九七	九八	九九	一〇一	一〇二	一〇三	一〇四	一〇五	一〇六	五二

吳師青著

太陽眞方位(或)方位角表

北緯二十度與赤緯同名

赤緯／時角	廿四度	廿三度	廿二度	廿一度	二十度	十九度	十八度	十七度	十六度	十五度	十四度	十三度	十二度	十一度	十度	九度	八度	七度	六度	五度	四度	三度	二度	一度	〇度	赤緯／時角
三〇七	七七	七八	七九	八一	八二	八三	八五	八六	八七	八八	九〇	九一	九二	九三	九四	九六	九七	九九	九九	一〇〇	一〇一	一〇三	一〇四	一〇五	一〇六	五三
三〇六	七七	七八	七九	八一	八二	八三	八四	八六	八七	八八	八九	九〇	九二	九三	九四	九五	九六	九八	九九	一〇〇	一〇一	一〇二	一〇三	一〇四	一〇五	五四
三〇五	七六	七八	七九	八〇	八二	八三	八四	八五	八六	八八	八九	九〇	九一	九二	九四	九五	九六	九七	九八	九九	一〇〇	一〇二	一〇三	一〇四	一〇五	五五
三〇四	七六	七八	七九	八〇	八一	八三	八四	八五	八六	八七	八九	九〇	九一	九二	九三	九四	九六	九七	九八	九九	一〇〇	一〇一	一〇二	一〇三	一〇四	五六
三〇三	七六	七七	七九	八〇	八一	八二	八三	八五	八六	八七	八八	八九	九一	九一	九三	九四	九五	九六	九七	九八	九九	一〇一	一〇二	一〇三	一〇四	五七
三〇二	七六	七七	七八	八〇	八一	八二	八三	八四	八五	八七	八八	八九	九〇	九一	九二	九四	九五	九六	九七	九八	九九	一〇〇	一〇一	一〇二	一〇三	五八
三〇一	七六	七七	七八	七九	八〇	八二	八三	八四	八五	八六	八七	八九	九〇	九一	九二	九三	九四	九五	九六	九七	九九	一〇〇	一〇一	一〇二	一〇三	五九
三〇〇	七五	七七	七八	七九	八〇	八一	八三	八四	八五	八六	八七	八八	八九	九〇	九二	九三	九四	九五	九六	九七	九八	九九	一〇〇	一〇一	一〇二	六〇
二九九	七五	七六	七八	七九	八〇	八一	八二	八三	八五	八六	八七	八八	八九	九〇	九一	九二	九三	九四	九六	九七	九八	九九	一〇〇	一〇一	一〇二	六一
二九八	七五	七六	七七	七九	八〇	八一	八二	八三	八四	八五	八六	八八	八九	八九	九一	九二	九三	九四	九五	九六	九七	九八	九九	一〇〇	一〇一	六二
二九七	七五	七六	七七	七八	七九	八一	八二	八三	八四	八五	八六	八七	八八	八九	九〇	九二	九三	九四	九五	九六	九七	九八	九九	一〇〇	一〇一	六三
二九六	七五	七六	七七	七八	七九	八〇	八一	八二	八四	八五	八六	八七	八八	八九	九〇	九一	九二	九三	九四	九五	九六	九七	九八	九九	一〇〇	六四
二九五	七四	七五	七七	七八	七九	八〇	八一	八二	八三	八四	八五	八七	八八	八八	九〇	九一	九二	九三	九四	九五	九六	九七	九八	九九	一〇〇	六五
二九四	七四	七五	七六	七七	七九	八〇	八一	八二	八三	八四	八五	八六	八七	八八	八九	九〇	九一	九二	九三	九五	九六	九七	九八	九九	一〇〇	六六
二九三	七四	七五	七六	七七	七八	七九	八〇	八二	八三	八四	八五	八六	八七	八八	八九	九〇	九一	九二	九三	九四	九五	九六	九七	九八	九九	六七
二九二	七四	七五	七六	七七	七八	七九	八〇	八一	八二	八三	八四	八六	八七	八七	八九	九〇	九一	九二	九三	九四	九五	九六	九七	九八	九九	六八
二九一	七三	七五	七六	七七	七八	七九	八〇	八一	八二	八三	八四	八五	八六	八七	八八	八九	九〇	九一	九二	九三	九四	九五	九六	九七	九八	六九
二九〇	七二	七四	七五	七六	七七	七九	八〇	八一	八二	八三	八四	八五	八六	八七	八八	八九	九〇	九一	九二	九三	九四	九五	九六	九七	九八	七〇
二八九	七三	七四	七五	七六	七七	七八	七九	八〇	八一	八二	八三	八四	八六	八六	八八	八九	九〇	九一	九二	九三	九四	九四	九五	九六	九七	七一
二八八	七三	七四	七五	七六	七七	七八	七九	八〇	八一	八二	八三	八四	八五	八六	八七	八八	八九	九〇	九一	九二	九三	九四	九五	九六	九七	七二
二八七	七二	七四	七五	七六	七七	七八	七九	八〇	八一	八二	八三	八四	八五	八五	八七	八八	八九	九〇	九一	九二	九三	九四	九五	九六	九七	七三
二八六	七二	七三	七四	七五	七六	七七	七八	七九	八〇	八一	八二	八三	八四	八五	八六	八七	八八	八九	九〇	九一	九二	九三	九四	九五	九六	七四
二八五	七二	七三	七四	七五	七六	七七	七八	七九	八〇	八一	八二	八三	八四	八五	八六	八七	八八	八九	九〇	九一	九二	九三	九四	九五	九六	七五
二八四	七二	七三	七四	七五	七六	七七	七八	七九	八〇	八一	八二	八三	八四	八四	八六	八七	八八	八九	九〇	九一	九二	九三	九三	九四	九五	七六
二八三	七一	七二	七三	七四	七五	七六	七七	七八	七九	八〇	八一	八二	八三	八四	八五	八六	八七	八八	八九	九〇	九一	九二	九三	九四	九五	七七
二八二	七一	七二	七三	七四	七五	七六	七七	七八	七九	八〇	八一	八二	八三	八四	八五	八六	八七	八八	八九	九〇	九一	九二	九三	九四	九五	七八
二八一	七一	七二	七三	七四	七五	七六	七七	七八	七九	八〇	八一	八二	八三	八三	八五	八六	八七	八八	八九	八九	九〇	九一	九二	九三	九四	七九
二八〇	七一	七二	七三	七四	七五	七六	七七	七八	七九	八〇	八〇	八一	八二	八三	八四	八五	八六	八七	八八	八九	九〇	九一	九二	九三	九四	八〇
二七九	七〇	七一	七二	七三	七四	七五	七六	七七	七八	七九	八〇	八一	八二	八三	八四	八五	八六	八七	八八	八九	九〇	九一	九二	九三	九三	八一
二七八	七〇	七一	七二	七三	七四	七五	七六	七七	七八	七九	八〇	八一	八二	八二	八四	八五	八六	八六	八七	八八	八九	九〇	九一	九二	九三	八二
二七七	七〇	七一	七二	七三	七四	七五	七六	七七	七八	七九	七九	八〇	八一	八二	八三	八四	八五	八六	八七	八八	八九	九〇	九一	九二	九三	八三
二七六	六九	七〇	七一	七二	七三	七四	七五	七六	七七	七八	七九	八〇	八一	八二	八三	八四	八五	八六	八七	八八	八九	九〇	九〇	九一	九二	八四
二七五	六九	七〇	七一	七二	七三	七四	七五	七六	七七	七八	七九	八〇	八一	八一	八三	八四	八四	八五	八六	八七	八八	八九	九〇	九一	九二	八五
二七四	六九	七〇	七一	七二	七三	七四	七五	七六	七七	七七	七八	七九	八〇	八一	八二	八三	八四	八五	八六	八七	八八	八九	九〇	九一	九二	八六
二七三	六九	七〇	七〇	七一	七二	七三	七四	七五	七六	七七	七八	七九	八〇	八一	八二	八三	八四	八五	八六	八六	八七	八八	八九	九〇	九一	八七
二七二	六八	六九	七〇	七一	七二	七三	七四	七五	七六	七七	七八	七九	八〇	八〇	八一	八二	八三	八四	八五	八六	八七	八八	八九	九〇	九一	八八
二七一	六九	六九	七〇	七一	七二	七三	七四	七五	七六	七六	七七	七八	七九	八〇	八一	八二	八三	八四	八五	八六	八七	八八	八九	八九	九〇	八九
二七〇	六八	六九	七〇	七〇	七一	七二	七三	七四	七五	七六	七七	七八	七九	七九	八一	八二	八三	八四	八四	八五	八六	八七	八八	八九	九〇	九〇
二六九	六七	六八	六九	七〇	七一	七二	七三	七四	七五	七六	七七	七八	七八	七九	八〇	八一	八二	八三	八四	八五	八六	八七	八八	八九	九〇	九一
二六八	六七	六八	六九	七〇	七一	七二	七三	七三	七四	七五	七六	七七	七八	七九	八〇	八一	八二	八三	八四	八五	八六	八六	八七	八八	八九	九二
二六七	六七	六八	六九	六九	七〇	七一	七二	七三	七四	七五	七六	七七	七八	七八	八〇	八一	八一	八二	八三	八四	八五	八六	八七	八八	八九	九三
二六六	六六	六六	六八	六九	七〇	七一	七二	七三	七四	七五	七六	七六	七七	七八	七九	八〇	八一	八二	八三	八四	八五	八六	八七	八八	八八	九四
二六五	六六	六七	六八	六九	七〇	七一	七一	七二	七三	七四	七五	七六	七七	七八	七九	八〇	八一	八二	八三	八三	八四	八五	八六	八七	八八	九五
二六四	六六	六六	六七	六八	六九	七〇	七一	七二	七三	七四	七五	七六	七七	七七	七八	七九	八〇	八一	八二	八三	八四	八五	八六	八七	八八	九六
二六三	六五	六六	六七	六八	六九	七〇	七一	七二	七三	七三	七四	七五	七六	七七	七八	七九	八〇	八一	八二	八三	八四	八五	八六	八六	八七	九七
二六二	六五	六六	六七	六八	六九	六九	七〇	七一	七二	七三	七四	七五	七六	七六	七八	七九	八〇	八〇	八一	八二	八三	八四	八五			九八
二六一	六四	六五	六六	六六	六八	六九	七〇	七一	七二	七三	七四	七五	七五	七六	七七	七八	七九	八〇	八一	八二	八三					九九
二六〇	六四	六五	六六	六七	六八	六九	七〇	七一	七一	七二	七三	七四	七五	七六	七七	七八	七九	八〇								一〇〇
二五九	六四	六五	六六	六六	六七	六八	六九	七〇	七一	七二	七三	七四	七五	七五	七六	七七										一〇一
二五八	六三	六四	六五	六六	六七	六八	六九	七〇	七一	七二	七三	七三	七四													一〇二
二五七	六三	六四	六五	六六	六七	六七	六八	六九	七〇	七一	七二															一〇三
二五六	六三	六三	六四	六五	六六	六七	六八	六九	七〇																	一〇四
二五五	六二	六三	六四	六五	六六	六七	六八																			一〇五

太陽眞方位（或）方位角表

北緯二十二度與赤緯異名

赤緯/時角	廿四度	廿三度	廿二度	廿一度	二十度	十九度	十八度	十七度	十六度	十五度	十四度	十三度	十二度	十一度	十度	九度	八度	七度	六度	五度	四度	三度	二度	一度	〇度	赤緯/時角
三〇八	一二九	一二八	一二八	一二七	一二六	一二五	一二四	一二三	一二二	一二一	一二〇	一一九	一一九	一一八	一一七	一一六	一一五	一一四	一一三	一一二	一一一	一一〇	一〇九	一〇七	一〇六	五二
三〇九	一三〇	一二九	一二八	一二七	一二六	一二六	一二五	一二四	一二三	一二二	一二一	一二〇	一一九	一一八	一一七	一一六	一一五	一一四	一一三	一一二	一一一	一一〇	一〇九	一〇八	一〇七	五一
三一〇	一三一	一三〇	一二九	一二八	一二七	一二六	一二五	一二四	一二四	一二三	一二二	一二一	一二〇	一一九	一一八	一一七	一一六	一一五	一一四	一一三	一一二	一一一	一一〇	一〇九	一〇七	五十
三一一	一三一	一三〇	一二九	一二九	一二八	一二七	一二六	一二五	一二四	一二三	一二二	一二一	一二〇	一一九	一一九	一一八	一一七	一一六	一一五	一一三	一一二	一一一	一一〇	一〇九	一〇八	四九
三一二	一三二	一三一	一三〇	一二九	一二八	一二八	一二七	一二六	一二五	一二四	一二三	一二二	一二一	一二〇	一一九	一一八	一一七	一一六	一一五	一一四	一一三	一一二	一一一	一一〇	一〇九	四八
三一三	一三二	一三二	一三一	一三〇	一二九	一二八	一二七	一二六	一二六	一二五	一二四	一二三	一二二	一二一	一二〇	一一九	一一八	一一七	一一六	一一五	一一四	一一三	一一二	一一〇	一〇九	四七
三一四	一三三	一三二	一三一	一三一	一三〇	一二九	一二八	一二七	一二六	一二五	一二四	一二三	一二二	一二二	一二一	一二〇	一一九	一一八	一一六	一一五	一一四	一一三	一一二	一一一	一一〇	四六
三一五	一三四	一三三	一三二	一三一	一三〇	一三〇	一二九	一二八	一二七	一二六	一二五	一二四	一二三	一二二	一二一	一二〇	一一九	一一八	一一七	一一六	一一五	一一四	一一三	一一二	一一一	四五
三一六	一三五	一三四	一三三	一三二	一三一	一三〇	一二九	一二九	一二八	一二七	一二六	一二五	一二四	一二三	一二二	一二一	一二〇	一一九	一一八	一一七	一一六	一一五	一一四	一一二	一一一	四四
三一七	一三五	一三四	一三四	一三三	一三二	一三一	一三〇	一二九	一二八	一二八	一二七	一二六	一二五	一二四	一二三	一二二	一二一	一二〇	一一九	一一八	一一六	一一五	一一四	一一三	一一二	四三
三一八	一三六	一三五	一三四	一三四	一三三	一三二	一三一	一三〇	一二九	一二八	一二七	一二六	一二五	一二四	一二三	一二二	一二一	一二〇	一一九	一一八	一一七	一一六	一一五	一一四	一一三	四二
三一九	一三七	一三六	一三五	一三四	一三三	一三三	一三二	一三一	一三〇	一二九	一二八	一二六	一〇六	一二五	一二四	一二三	一二二	一二一	一二〇	一一九	一一八	一一七	一一六	一一五	一一三	四一
三二〇	一三七	一三七	一三六	一三五	一三四	一三三	一三三	一三二	一三一	一三〇	一二九	一二八	一二七	一二六	一二五	一二四	一二三	一二二	一二一	一二〇	一一九	一一八	一一六	一一五	一一四	四十
三二一	一三八	一三七	一三七	一三六	一三五	一三四	一三三	一三二	一三二	一三一	一三〇	一二九	一二八	一二七	一二六	一二五	一二四	一二三	一二二	一二一	一二〇	一一八	一一七	一一六	一一五	三九
三二二	一三九	一三八	一三七	一三七	一三六	一三五	一三四	一三三	一三二	一三二	一三一	一三〇	一二九	一二八	一二七	一二六	一二五	一二四	一二三	一二二	一二〇	一一九	一一八	一一七	一一六	三八
三二三	一四〇	一三九	一三八	一三七	一三七	一三六	一三五	一三四	一三三	一三三	一三二	一三一	一三〇	一二九	一二八	一二七	一二六	一二五	一二三	一二二	一二一	一二〇	一一九	一一八	一一六	三七
三二四	一四一	一四〇	一三九	一三八	一三八	一三七	一三六	一三五	一三四	一三三	一三二	一三一	一三〇	一二九	一二八	一二七	一二六	一二五	一二四	一二三	一二二	一二一	一二〇	一一九	一一七	三六
三二五	一四一	一四一	一四〇	一三九	一三八	一三八	一三七	一三六	一三五	一三四	一三三	一三二	一三一	一三〇	一二九	一二八	一二七	一二六	一二五	一二四	一二三	一二二	一二一	一一九	一一八	三五
三二六	一四二	一四二	一四一	一四〇	一三九	一三八	一三八	一三七	一三六	一三五	一三四	一三三	一三二	一三一	一三〇	一二九	一二八	一二七	一二六	一二五	一二四	一二三	一二二	一二〇	一一九	三四
三二七	一四三	一四二	一四二	一四一	一四〇	一三九	一三九	一三八	一三七	一三六	一三五	一三四	一三三	一三二	一三一	一三〇	一二九	一二八	一二七	一二六	一二五	一二四	一二三	一二一	一二〇	三三
三二八	一四四	一四三	一四三	一四二	一四一	一四〇	一三九	一三九	一三八	一三七	一三六	一三五	一三四	一三三	一三二	一三一	一三〇	一二九	一二八	一二七	一二六	一二五	一二三	一二二	一二一	三二
三二九	一四五	一四四	一四四	一四三	一四二	一四一	一四〇	一四〇	一三九	一三八	一三七	一三六	一三五	一三四	一三三	一三二	一三一	一三〇	一二九	一二八	[illegible]	[illegible]	一二五	一二三	一二二	三一
三三〇	一四六	一四五	一四四	一四四	一四三	一四二	一四一	一四一	一四〇	一三九	一三八	一三七	一三六	一三五	一三四	一三三	一三三	一三一	一三〇	一二九	一二八	一二七	一二六	一二四	一二三	三十
三三一	一四七	一四六	一四五	一四五	一四四	一四三	一四二	一四二	一四一	一四〇	一三九	一三八	一三七	一三六	一三五	一三四	一三三	一三三	一三一	一三〇	一二九	一二八	一二七	一二五	一二四	二九
三三二	一四八	一四七	一四七	一四六	一四五	一四四	一四三	一四三	一四二	一四一	一四〇	一三九	一三八	一三七	一三七	一三六	一三五	一三三	一三三	一三一	一三〇	一二九	一二八	一二七	一二五	二八
三三三	一四九	一四八	一四七	一四七	一四六	一四五	一四四	一四四	一四三	一四二	一四一	一四〇	一四〇	一三九	一三八	一三七	一三六	一三五	一三四	一三三	一三一	一三〇	一二九	一二八	一二六	二七
三三四	一五〇	一四九	一四八	一四八	一四七	一四六	一四六	一四五	一四四	一四三	一四二	一四二	一四一	一四〇	一三九	一三八	一三七	一三六	一三五	一三四	一三三	一三一	一三〇	一二九	一二八	二六
三三五	一五一	一五〇	一四九	一四九	一四八	一四七	一四七	一四六	一四五	一四四	一四四	一四三	一四二	一四一	一四〇	一三九	一三八	一三七	一三六	一三五	一三四	一三三	一三一	一三〇	一二九	二五
三三六	一五二	一五一	一五〇	一五〇	一四九	一四八	一四八	一四七	一四六	一四五	一四五	一四四	一四三	一四二	一四一	一四〇	一三九	一三八	一三七	一三六	一三五	一三四	一三三	一三一	一三〇	二四
三三七	一五三	一五二	一五二	一五一	一五〇	一五〇	一四九	一四八	一四七	一四七	一四六	一四五	一四四	一四三	一四三	一四二	一四一	一四〇	一三九	一三八	一三六	一三五	一三四	一三三	一三一	二三
三三八	一五四	一五三	一五三	一五二	一五一	一五一	一五〇	一四九	一四九	一四八	一四七	一四六	一四六	一四五	一四四	一四三	一四二	一四一	一四〇	一三九	一三八	一三七	一三五	一三四	一三三	二二
三三九	一五五	一五四	一五四	一五三	一五三	一五二	一五一	一五一	一五〇	一四九	一四八	一四八	一四七	一四六	一四五	一四四	一四三	一四二	一四一	一四〇	一三九	一三八	一三七	一三六	一三四	二一
三四〇	一五六	一五五	一五五	一五四	一五四	一五三	一五二	一五二	一五一	一五〇	一五〇	一四九	一四八	一四七	一四六	一四六	一四五	一四四	一四三	一四二	一四一	一四〇	一三八	一三七	一三六	二十
三四一	一五七	一五七	一五六	一五五	一五五	一五四	一五四	一五三	一五二	一五二	一五一	一五〇	一四九	一四九	一四八	一四七	一四六	一四五	一四四	一四三	一四二	一四一	一四〇	一三九	一三七	一九
三四二	一五八	一五八	一五七	一五七	一五六	一五五	一五五	一五四	一五四	一五三	一五二	一五二	一五一	一五〇	一四九	一四八	一四八	一四七	一四六	一四五	一四四	一四三	一四二	一四〇	一三九	一八
三四三	一五九	一五九	一五八	一五八	一五七	一五七	一五六	一五六	一五五	一五四	一五四	一五三	一五二	一五二	一五一	一五〇	一四九	一四八	一四七	一四六	一四五	一四四	一四三	一四二	一四一	一七
三四四	一六〇	一六〇	一五九	一五九	一五八	一五八	一五七	一五七	一五六	一五六	一五五	一五四	一五四	一五三	一五二	一五二	一五一	一五〇	一四九	一四八	一四七	一四六	一四五	一四四	一四三	一六
三四五	一六二	一六一	一六一	一六〇	一六〇	一五九	一五九	一五八	一五八	一五七	一五六	一五六	一五五	一五五	一五四	一五三	一五二	一五一	一五一	一五〇	一四九	一四八	一四七	一四六	一四四	一五
三四六	一六三	一六二	一六二	一六一	一六一	一六一	一六〇	一六〇	一五九	一五八	一五八	一五七	一五七	一五六	一五五	一五五	一五四	一五三	一五二	一五一	一五一	一五〇	一四九	一四八	一四六	一四
三四七	一六四	一六四	一六三	一六三	一六二	一六二	一六一	一六一	一六〇	一六〇	一五九	一五九	一五八	一五八	一五七	一五六	一五六	一五五	一五四	一五三	一五二	一五二	一五一	一五〇	一四八	一三
三四八	一六五	一六五	一六四	一六四	一六四	一六三	一六三	一六二	一六二	一六一	一六一	一六〇	一六〇	一五九	一五九	一五八	一五七	一五七	一五六	一五五	一五四	一五三	一五二	一五二	一五〇	一二
三四九	一六六	一六六	一六六	一六五	一六五	一六五	一六四	一六四	一六三	一六三	一六二	一六二	一六一	一六一	一六〇	一六〇	一五九	一五八	一五八	一五七	一五六	一五五	一五五	一五四	一五三	一一
三五〇	一六八	一六七	一六七	一六七	一六六	一六六	一六六	一六五	一六五	一六四	一六四	一六三	一六三	一六三	一六二	一六一	一六一	一六〇	一六〇	一五九	一五八	一五七	一五七	一五六	一五五	十
三五一	一六九	一六八	一六八	一六八	一六八	一六七	一六七	一六七	一六六	一六六	一六五	一六五	一六五	一六四	一六四	一六三	一六三	一六二	一六二	一六一	一六〇	一六〇	一五九	一五八	一五七	九
三五二	一七〇	一七〇	一六九	一六九	一六九	一六九	一六八	一六八	一六八	一六七	一六七	一六六	一六六	一六六	一六五	一六五	一六五	一六四	一六四	一六三	一六二	一六二	一六一	一六〇	一五九	八
三五三	一七一	一七一	一七一	一七一	一七〇	一七〇	一七〇	一七〇	一六九	一六九	一六九	一六八	一六八	一六八	一六七	一六七	一六六	一六六	一六五	一六五	一六四	一六四	一六三	一六三	一六二	七
三五四	一七二	一七二	一七二	一七二	一七二	一七一	一七一	一七一	一七一	一七〇	一七〇	一七〇	一七〇	一六九	一六九	一六九	一六八	一六八	一六八	一六七	一六七	一六六	一六六	一六五	一六四	六
三五五	一七四	一七四	一七三	一七三	一七三	一七三	一七三	一七二	一七二	一七二	一七二	一七二	一七一	一七一	一七一	一七一	一七〇	一七〇	一七〇	一六九	一六九	一六八	一六八	一六七	一六七	五
三五六	一七五	一七五	一七五	一七五	一七四	一七四	一七四	一七四	一七四	一七四	一七三	一七三	一七三	一七三	一七三	一七二	一七二	一七二	一七二	一七一	一七一	一七一	一七〇	一七〇	一六九	四
三五七	一七六	一七六	一七六	一七六	一七六	一七六	一七六	一七五	一七五	一七五	一七五	一七五	一七五	一七五	一七四	一七四	一七四	一七四	一七四	一七三	一七三	一七三	一七三	一七二	一七二	三
三五八	一七八	一七七	一七七	一七七	一七七	一七七	一七七	一七七	一七七	一七七	一七七	一七七	一七七	一七六	一七六	一七六	一七六	一七六	一七六	一七六	一七六	一七五	一七五	一七五	一七五	二
三五九	一七九	一七九	一七九	一七九	一七九	一七九	一七九	一七九	一七八	一七八	一七八	一七八	一七八	一七八	一七八	一七八	一七八	一七八	一七八	一七八	一七八	一七八	一七八	一七七	一七七	一
三六〇	一八〇	一八〇	一八〇	一八〇	一八〇	一八〇	一八〇	一八〇	一八〇	一八〇	一八〇	一八〇	一八〇	一八〇	一八〇	一八〇	一八〇	一八〇	一八〇	一八〇	一八〇	一八〇	一八〇	一八〇	一八〇	〇

太陽眞位方位(或)方位角表

北緯二十二度與赤緯異名

赤緯/時角	廿四度	廿三度	廿二度	廿一度	二十度	十九度	十八度	十七度	十六度	十五度	十四度	十三度	十二度	十一度	十度	九度	八度	七度	六度	五度	四度	三度	二度	一度	〇度	赤緯/時角
二六三																									八七	九七
二六四																						九〇	九〇	八九	八八	九六
二六五																				九三	九二	九一	九〇	八九	八八	九五
二六六																	九六	九五	九四	九三	九二	九一	九〇	八九	八八	九四
二六七															九八	九七	九六	九五	九四	九四	九三	九二	九一	九〇	八九	九三
二六八												一〇一	一〇〇	九九	九九	九八	九七	九六	九五	九四	九三	九二	九一	九〇	八九	九二
二六九										一〇四	一〇三	一〇二	一〇一	一〇〇	九九	九八	九七	九六	九五	九四	九三	九二	九一	九一	九〇	九一
二七〇							一〇七	一〇六	一〇五	一〇四	一〇三	一〇二	一〇一	一〇〇	九九	九八	九七	九六	九六	九五	九四	九三	九二	九一	九〇	九〇
二七一					一〇九	一〇八	一〇七	一〇六	一〇五	一〇四	一〇三	一〇二	一〇二	一〇一	一〇〇	九九	九八	九七	九六	九五	九四	九三	九二	九一	九〇	八九
二七二		一一二	一一一	一一〇	一〇九	一〇八	一〇七	一〇七	一〇六	一〇五	一〇四	一〇三	一〇二	一〇一	一〇〇	九九	九八	九七	九六	九五	九四	九四	九三	九二	九一	八八
二七三	一一三	一一二	一一二	一一一	一一〇	一〇九	一〇八	一〇七	一〇六	一〇五	一〇四	一〇三	一〇二	一〇一	一〇〇	九九	九九	九八	九七	九六	九五	九四	九三	九二	九一	八七
二七四	一一四	一一三	一一二	一一一	一一〇	一〇九	一〇八	一〇七	一〇六	一〇五	一〇四	一〇四	一〇三	一〇二	一〇一	一〇〇	九九	九八	九七	九六	九五	九四	九三	九二	九二	八六
二七五	一一四	一一三	一一二	一一一	一一〇	一〇九	一〇九	一〇八	一〇七	一〇六	一〇五	一〇四	一〇三	一〇二	一〇一	一〇〇	九九	九八	九七	九七	九六	九五	九四	九三	九二	八五
二七六	一一四	一一四	一一三	一一二	一一一	一一〇	一〇九	一〇八	一〇七	一〇六	一〇五	一〇四	一〇三	一〇二	一〇二	一〇一	一〇〇	九九	九八	九七	九六	九五	九四	九三	九二	八四
二七七	一一五	一一四	一一三	一一二	一一一	一一〇	一〇九	一〇八	一〇七	一〇七	一〇六	一〇五	一〇四	一〇三	一〇二	一〇一	一〇〇	九九	九八	九七	九六	九五	九五	九四	九三	八三
二七八	一一五	一一四	一一三	一一二	一一一	一一一	一一〇	一〇九	一〇八	一〇七	一〇六	一〇五	一〇四	一〇三	一〇二	一〇一	一〇〇	一〇〇	九九	九八	九七	九六	九五	九四	九三	八二
二七九	一一六	一一五	一一四	一一三	一一二	一一一	一一〇	一〇九	一〇八	一〇七	一〇六	一〇五	一〇五	一〇四	一〇三	一〇二	一〇一	一〇〇	九九	九八	九七	九六	九五	九四	九三	八一
二八〇	一一六	一一五	一一四	一一三	一一二	一一一	一一〇	一〇九	一〇九	一〇八	一〇七	一〇六	一〇五	一〇四	一〇三	一〇二	一〇一	一〇〇	九九	九八	九八	九七	九六	九五	九四	八〇
二八一	一一六	一一五	一一四	一一四	一一三	一一二	一一一	一一〇	一〇九	一〇八	一〇七	一〇六	一〇五	一〇四	一〇四	一〇三	一〇二	一〇一	一〇〇	九九	九八	九七	九六	九五	九四	七九
二八二	一一七	一一六	一一五	一一四	一一三	一一二	一一一	一一〇	一〇九	一〇八	一〇八	一〇七	一〇六	一〇五	一〇四	一〇三	一〇二	一〇一	一〇〇	九九	九八	九七	九六	九六	九五	七八
二八三	一一七	一一六	一一五	一一四	一一三	一一三	一一二	一一一	一一〇	一〇九	一〇八	一〇七	一〇六	一〇五	一〇四	一〇三	一〇二	一〇二	一〇一	一〇〇	九九	九八	九七	九六	九五	七七
二八四	一一七	一一七	一一六	一一五	一一四	一一三	一一二	一一一	一一〇	一〇九	一〇八	一〇七	一〇七	一〇六	一〇五	一〇四	一〇三	一〇二	一〇一	一〇〇	九九	九八	九七	九六	九五	七六
二八五	一一八	一一七	一一六	一一五	一一四	一一三	一一二	一一二	一一一	一一〇	一〇九	一〇八	一〇七	一〇六	一〇五	一〇四	一〇三	一〇二	一〇一	一〇〇	一〇〇	九九	九八	九七	九六	七五
二八六	一一八	一一七	一一六	一一六	一一五	一一四	一一三	一一二	一一一	一一〇	一〇九	一〇八	一〇七	一〇六	一〇六	一〇五	一〇四	一〇三	一〇二	一〇一	一〇〇	九九	九八	九七	九六	七四
二八七	一一九	一一八	一一七	一一六	一一五	一一四	一一三	一一二	一一一	一一一	一一〇	一〇九	一〇八	一〇七	一〇六	一〇五	一〇四	一〇三	一〇二	一〇一	一〇〇	九九	九八	九八	九七	七三
二八八	一一九	一一八	一一七	一一六	一一六	一一五	一一四	一一三	一一二	一一一	一一〇	一〇九	一〇八	一〇七	一〇六	一〇五	一〇五	一〇四	一〇三	一〇二	一〇一	一〇〇	九九	九八	九七	七二
二八九	一二〇	一一九	一一八	一一七	一一六	一一五	一一四	一一三	一一二	一一一	一一一	一一〇	一〇九	一〇八	一〇七	一〇六	一〇五	一〇四	一〇三	一〇二	一〇一	一〇〇	九九	九八	九七	七一
二九〇	一二〇	一一九	一一八	一一七	一一六	一一六	一一五	一一四	一一三	一一二	一一一	一一〇	一〇九	一〇八	一〇七	一〇六	一〇五	一〇四	一〇四	一〇三	一〇二	一〇一	一〇〇	九九	九八	七〇
二九一	一二〇	一二〇	一一九	一一八	一一七	一一六	一一五	一一四	一一三	一一二	一一一	一一一	一一〇	一〇九	一〇八	一〇七	一〇六	一〇五	一〇四	一〇三	一〇二	一〇一	一〇〇	九九	九八	六九
二九二	一二一	一二〇	一一九	一一八	一一七	一一六	一一六	一一五	一一四	一一三	一一二	一一一	一一〇	一〇九	一〇八	一〇七	一〇六	一〇五	一〇四	一〇三	一〇三	一〇二	一〇一	一〇〇	九九	六八
二九三	一二一	一二〇	一二〇	一一九	一一八	一一七	一一六	一一五	一一四	一一三	一一二	一一一	一一一	一一〇	一〇九	一〇八	一〇七	一〇六	一〇五	一〇四	一〇三	一〇二	一〇一	一〇〇	九九	六七
二九四	一二二	一二一	一二〇	一一九	一一八	一一七	一一六	一一六	一一五	一一四	一一三	一一二	一一一	一一〇	一〇九	一〇八	一〇七	一〇六	一〇五	一〇四	一〇三	一〇二	一〇一	一〇一	一〇〇	六六
二九五	一二二	一二一	一二一	一二〇	一一九	一一八	一一七	一一六	一一五	一一四	一一三	一一二	一一一	一一一	一一〇	一〇九	一〇八	一〇七	一〇六	一〇五	一〇四	一〇三	一〇二	一〇一	一〇〇	六五
二九六	一二三	一二二	一二一	一二〇	一一九	一一八	一一七	一一七	一一六	一一五	一一四	一一三	一一二	一一一	一一〇	一〇九	一〇八	一〇七	一〇六	一〇五	一〇四	一〇三	一〇二	一〇一	一〇〇	六四
二九七	一二三	一二二	一二一	一二一	一二〇	一一九	一一八	一一七	一一六	一一五	一一四	一一三	一一二	一一二	一一一	一一〇	一〇九	一〇八	一〇七	一〇六	一〇五	一〇四	一〇三	一〇二	一〇一	六三
二九八	一二四	一二三	一二二	一二一	一二〇	一一九	一一八	一一八	一一七	一一六	一一五	一一四	一一三	一一二	一一一	一一〇	一〇九	一〇八	一〇七	一〇六	一〇五	一〇四	一〇三	一〇二	一〇一	六二
二九九	一二四	一二三	一二二	一二二	一二一	一二〇	一一九	一一八	一一七	一一六	一一五	一一四	一一三	一一三	一一二	一一一	一一〇	一〇九	一〇八	一〇七	一〇六	一〇五	一〇四	一〇三	一〇二	六一
三〇〇	一二五	一二四	一二三	一二二	一二一	一二〇	一一九	一一九	一一八	一一七	一一六	一一五	一一四	一一三	一一二	一一一	一一〇	一〇九	一〇八	一〇七	一〇六	一〇五	一〇四	一〇三	一〇二	六〇
三〇一	一二五	一二四	一二四	一二三	一二二	一二一	一二〇	一一九	一一八	一一七	一一六	一一五	一一五	一一四	一一三	一一二	一一一	一一〇	一〇九	一〇八	一〇七	一〇六	一〇五	一〇四	一〇三	五九
三〇二	一二六	一二五	一二四	一二三	一二二	一二一	一二一	一二〇	一一九	一一八	一一七	一一六	一一五	一一四	一一三	一一二	一一一	一一〇	一〇九	一〇八	一〇七	一〇六	一〇五	一〇四	一〇三	五八
三〇三	一二六	一二六	一二五	一二四	一二三	一二二	一二一	一二〇	一一九	一一八	一一七	一一七	一一六	一一五	一一四	一一三	一一二	一一一	一一〇	一〇九	一〇八	一〇七	一〇六	一〇五	一〇四	五七
三〇四	一二七	一二六	一二五	一二四	一二三	一二三	一二二	一二一	一二〇	一一九	一一八	一一七	一一六	一一五	一一四	一一三	一一二	一一一	一一〇	一〇九	一〇八	一〇七	一〇六	一〇五	一〇四	五六
三〇五	一二八	一二七	一二六	一二五	一二四	一二三	一二二	一二一	一二〇	一二〇	一一九	一一八	一一七	一一六	一一五	一一四	一一三	一一二	一一一	一一〇	一〇九	一〇八	一〇七	一〇六	一〇五	五五
三〇六	一二八	一二七	一二六	一二六	一二五	一二四	一二三	一二二	一二一	一二〇	一一九	一一八	一一七	一一六	一一五	一一四	一一三	一一二	一一一	一一〇	一〇九	一〇八	一〇七	一〇六	一〇五	五四
三〇七	一二九	一二八	一二七	一二六	一二五	一二四	一二三	一二三	一二二	一二一	一二〇	一一九	一一八	一一七	一一六	一一五	一一四	一一三	一一二	一一一	一一〇	一〇九	一〇八	一〇七	一〇六	五三

吳師青著

太陽眞方位(或)方位角表

北緯二十五度與赤緯同名

赤緯 / 時角	廿四度	廿三度	廿二度	廿一度	二十度	十九度	十八度	十七度	十六度	十五度	十四度	十三度	十二度	十一度	十度	九度	八度	七度	六度	五度	四度	三度	二度	一度	〇度	赤緯 / 時角
三六〇	一八〇	一八〇	一八〇	一八〇	一八〇	一八〇	一八〇	一八〇	一八〇	一八〇	一八〇	一八〇	一八〇	一八〇	一八〇	一八〇	一八〇	一八〇	一八〇	一八〇	一八〇	一八〇	一八〇	一八〇	一八〇	〇
三五九	一三八	一五五	一六三	一六七	一六九	一七一	一七二	一七三	一七四	一七五	一七五	一七五	一七六	一七六	一七六	一七六	一七七	一七七	一七七	一七七	一七七	一七七	一七七	一七八	一七八	一
三五八	一一八	一三七	一四八	一五五	一五九	一六一	一六五	一六七	一六八	一六九	一七〇	一七一	一七一	一七二	一七二	一七三	一七三	一七四	一七四	一七四	一七四	一七五	一七五	一七五	一七五	二
三五七	一一〇	一二六	一三七	一四五	一五〇	一五五	一五八	一六〇	一六二	一六四	一六五	一六六	一六七	一六八	一六九	一六九	一七〇	一七〇	一七一	一七一	一七二	一七二	一七二	一七三	一七三	三
三五六	一〇五	一一八	一二九	一三七	一四二	一四八	一五一	一五四	一五七	一五九	一六〇	一六二	一六三	一六四	一六五	一六六	一六七	一六七	一六八	一六九	一六九	一六九	一七〇	一七〇	一七一	四
三五五	一〇一	一一三	一二二	一三〇	一三六	一四一	一四五	一四九	一五二	一五四	一五六	一五八	一五九	一六〇	一六二	一六三	一六四	一六四	一六五	一六六	一六六	一六七	一六七	一六八	一六八	五
三五四	九九	一〇九	一一七	一二五	一三一	一三六	一四〇	一四四	一四七	一五〇	一五二	一五四	一五五	一五七	一五八	一五九	一六〇	一六一	一六二	一六三	一六四	一六四	一六五	一六六	一六六	六
三五三	九八	一〇六	一一四	一二〇	一二六	一三一	一三六	一三九	一四三	一四五	一四八	一五〇	一五二	一五三	一五五	一五六	一五七	一五八	一五九	一六〇	一六一	一六二	一六三	一六三	一六四	七
三五二	九六	一〇四	一一一	一一七	一二三	一二七	一三二	一三六	一三九	一四二	一四四	一四六	一四八	一五〇	一五二	一五三	一五四	一五六	一五七	一五八	一五九	一五九	一六〇	一六一	一六二	八
三五一	九五	一〇二	一〇八	一一四	一一九	一二四	一二八	一三二	一三五	一三八	一四一	一四三	一四五	一四七	一四九	一五〇	一五二	一五三	一五四	一五五	一五六	一五七	一五八	一五九	一六〇	九
三五〇	九四	一〇〇	一〇六	一一二	一一六	一二一	一二五	一二九	一三二	一三五	一三八	一四〇	一四二	一四四	一四六	一四八	一四九	一五〇	一五二	一五三	一五四	一五五	一五六	一五七	一五七	十
三四九	九三	九九	一〇四	一〇九	一一四	一一八	一二二	一二六	一二九	一三二	一三五	一三七	一三九	一四一	一四三	一四五	一四六	一四八	一四九	一五〇	一五二	一五三	一五四	一五四	一五五	一一
三四八	九三	九八	一〇三	一〇八	一一二	一一六	一二〇	一二三	一二六	一二九	一三二	一三五	一三七	一三九	一四一	一四二	一四四	一四六	一四七	一四八	一四九	一五〇	一五一	一五二	一五三	一二
三四七	九二	九七	一〇二	一〇六	一一〇	一一四	一一八	一二一	一二四	一二七	一三〇	一三二	一三四	一三六	一三八	一四〇	一四二	一四三	一四五	一四七	一四七	一四八	一四九	一五〇	一五一	一三
三四六	九二	九六	一〇〇	一〇四	一〇八	一一二	一一六	一一九	一二二	一二五	一二七	一三〇	一三二	一三四	一三六	一三八	一三九	一四一	一四三	一四四	一四五	一四六	一四七	一四九	一五〇	一四
三四五	九一	九五	九九	一〇三	一〇七	一一〇	一一四	一一七	一二〇	一二三	一二五	一二八	一三〇	一三二	一三四	一三六	一三七	一三九	一四〇	一四二	一四三	一四四	一四六	一四七	一四八	一五
三四四	九一	九五	九八	一〇二	一〇六	一〇九	一一二	一一五	一一八	一二一	一二三	一二六	一二八	一三〇	一三二	一三四	一三五	一三七	一三八	一四〇	一四一	一四三	一四四	一四五	一四六	一六
三四三	九〇	九四	九七	一〇一	一〇四	一〇八	一一一	一一四	一一六	一一九	一二一	一二四	一二六	一二八	一三〇	一三二	一三三	一三五	一三七	一三八	一三九	一四一	一四二	一四三	一四四	一七
三四二	九〇	九三	九七	一〇〇	一〇三	一〇六	一〇九	一一二	一一五	一一七	一二〇	一二二	一二四	一二六	一二八	一三〇	一三二	一三三	一三五	一三六	一三八	一三九	一四〇	一四一	一四二	一八
三四一	八九	九三	九六	九九	一〇二	一〇五	一〇八	一一一	一一三	一一六	一一八	一二〇	一二二	一二五	一二六	一二八	一三〇	一三一	一三三	一三五	一三六	一三七	一三九	一四〇	一四一	一九
三四〇	八九	九二	九五	九八	一〇一	一〇四	一〇七	一〇九	一一二	一一四	一一七	一一九	一二一	一二三	一二五	一二七	一二八	一三〇	一三一	一三三	一三四	一三六	一三七	一三八	一三九	二〇
三三九	八九	九二	九五	九七	一〇〇	一〇三	一〇六	一〇八	一一一	一一三	一一四	一一七	一一九	一二一	一二二	一二五	一二六	一二八	一三〇	一三一	一三二	一三四	一三五	一三七	一三八	二一
三三八	八八	九一	九四	九六	九九	一〇二	一〇五	一〇七	一〇九	一一二	一一四	一一六	一一八	一二〇	一二二	一二四	一二五	一二七	一二八	一三〇	一三一	一三三	一三四	一三五	一三六	二二
三三七	八八	九一	九三	九六	九九	一〇一	一〇四	一〇六	一〇八	一一一	一一三	一一五	一一七	一一九	一二〇	一二二	一二四	一二五	一二七	一二八	一三〇	一三一	一三三	一三四	一三五	二三
三三六	八八	九〇	九三	九五	九八	一〇〇	一〇三	一〇五	一〇七	一〇九	一一二	一一四	一一五	一一七	一一九	一二一	一二三	一二四	一二六	一二七	一二八	一三〇	一三一	一三三	一三四	二四
三三五	八七	九〇	九二	九五	九七	一〇〇	一〇二	一〇四	一〇六	一〇八	一一〇	一一二	一一四	一一六	一一八	一二〇	一二一	一二三	一二四	一二六	一二七	一二八	一三〇	一三一	一三三	二五
三三四	八七	八九	九二	九四	九七	九九	一〇一	一〇三	一〇五	一〇七	一〇九	一一一	一一三	一一五	一一七	一一八	一二〇	一二二	一二三	一二四	一二六	一二七	一二九	一三〇	一三一	二六
三三三	八七	八九	九一	九四	九六	九八	一〇〇	一〇二	一〇四	一〇六	一〇八	一一〇	一一二	一一四	一一六	一一七	一一九	一二〇	一二二	一二三	一二五	一二六	一二七	一二九	一三〇	二七
三三二	八六	八九	九一	九三	九五	九七	一〇〇	一〇二	一〇四	一〇六	一〇七	一〇九	一一一	一一三	一一四	一一六	一一八	一一九	一二一	一二二	一二三	一二五	一二六	一二七	一二九	二八
三三一	八六	八八	九〇	九三	九五	九七	九九	一〇一	一〇三	一〇五	一〇七	一〇八	一一〇	一一二	一一三	一一五	一一七	一一八	一二〇	一二一	一二二	一二四	一二五	一二六	一二七	二九
三三〇	八六	八八	九〇	九二	九四	九六	九八	一〇〇	一〇二	一〇四	一〇六	一〇七	一〇九	一一一	一一二	一一四	一一六	一一七	一一八	一二〇	一二一	一二三	一二四	一二五	一二六	三〇
三二九	八五	八八	九〇	九二	九四	九六	九八	九九	一〇一	一〇三	一〇五	一〇七	一〇八	一一〇	一一二	一一三	一一五	一一六	一一七	一一九	一二〇	一二一	一二三	一二四	一二五	三一
三二八	八五	八七	八九	九一	九三	九五	九七	九九	一〇一	一〇二	一〇四	一〇六	一〇七	一〇九	一一一	一一二	一一四	一一五	一一六	一一八	一一九	一二〇	一二二	一二三	一二四	三二
三二七	八五	八七	八九	九一	九三	九四	九六	九八	一〇〇	一〇二	一〇三	一〇五	一〇七	一〇八	一一〇	一一一	一一三	一一四	一一五	一一七	一一八	一一九	一二一	一二二	一二三	三三
三二六	八五	八七	八八	九〇	九二	九四	九六	九八	九九	一〇一	一〇三	一〇四	一〇六	一〇七	一〇九	一一〇	一一二	一一三	一一五	一一六	一一七	一一八	一二〇	一二一	一二二	三四
三二五	八四	八六	八八	九〇	九二	九三	九五	九七	九九	一〇〇	一〇二	一〇三	一〇五	一〇七	一〇八	一〇九	一一一	一一二	一一四	一一五	一一六	一一八	一一九	一二〇	一二一	三五
三二四	八四	八六	八八	八九	九一	九三	九五	九六	九八	一〇〇	一〇一	一〇三	一〇四	一〇六	一〇七	一〇九	一一〇	一一一	一一三	一一四	一一五	一一七	一一八	一一九	一二〇	三六
三二三	八四	八六	八七	八九	九一	九二	九四	九六	九七	九九	一〇一	一〇二	一〇四	一〇五	一〇七	一〇八	一〇九	一一一	一一二	一一三	一一五	一一六	一一七	一一八	一一九	三七
三二二	八四	八五	八七	八九	九〇	九二	九四	九五	九七	九八	一〇〇	一〇一	一〇三	一〇四	一〇六	一〇七	一〇九	一一〇	一一一	一一二	一一四	一一五	一一六	一一七	一一八	三八
三二一	八三	八五	八七	八八	九〇	九二	九三	九五	九六	九八	九九	一〇一	一〇二	一〇四	一〇五	一〇六	一〇八	一〇九	一一〇	一一二	一一三	一一四	一一五	一一六	一一八	三九
三二〇	八三	八五	八六	八八	九〇	九一	九三	九四	九六	九七	九九	一〇〇	一〇二	一〇三	一〇四	一〇六	一〇七	一〇八	一一〇	一一一	一一二	一一三	一一四	一一六	一一七	四〇
三一九	八三	八四	八六	八八	八九	九一	九二	九四	九五	九七	九八	一〇〇	一〇一	一〇二	一〇四	一〇五	一〇六	一〇八	一〇九	一一〇	一一一	一一三	一一四	一一五	一一六	四一
三一八	八二	八四	八六	八七	八九	九〇	九二	九三	九五	九六	九八	九九	一〇〇	一〇二	一〇三	一〇四	一〇六	一〇七	一〇八	一〇九	一一一	一一二	一一三	一一四	一一五	四二
三一七	八二	八四	八五	八七	八八	九〇	九一	九三	九四	九六	九七	九八	一〇〇	一〇一	一〇二	一〇四	一〇五	一〇六	一〇七	一〇九	一一〇	一一一	一一二	一一三	一一四	四三
三一六	八二	八三	八五	八六	八八	八九	九一	九二	九四	九五	九六	九八	九九	一〇〇	一〇二	一〇三	一〇四	一〇六	一〇七	一〇八	一〇九	一一〇	一一一	一一三	一一四	四四
三一五	八二	八三	八五	八六	八八	八九	九〇	九二	九三	九五	九六	九七	九九	一〇〇	一〇一	一〇二	一〇四	一〇五	一〇六	一〇七	一〇八	一一〇	一一一	一一二	一一三	四五
三一四	八一	八三	八四	八六	八七	八九	九〇	九一	九三	九四	九五	九七	九八	九九	一〇一	一〇二	一〇三	一〇四	一〇五	一〇七	一〇八	一〇九	一一〇	一一一	一一二	四六
三一三	八一	八三	八四	八五	八七	八八	九〇	九一	九二	九四	九五	九六	九七	九九	一〇〇	一〇一	一〇二	一〇四	一〇五	一〇六	一〇七	一〇八	一〇九	一一〇	一一二	四七
三一二	八一	八二	八四	八五	八六	八八	八九	九〇	九二	九三	九四	九五	九七	九八	九九	一〇一	一〇二	一〇三	一〇四	一〇五	一〇六	一〇八	一〇九	一一〇	一一一	四八
三一一	八一	八二	八三	八五	八六	八七	八九	九〇	九一	九三	九四	九五	九六	九八	九九	一〇〇	一〇一	一〇二	一〇四	一〇五	一〇六	一〇七	一〇八	一〇九	一一〇	四九
三一〇	八〇	八二	八三	八四	八六	八七	八八	九〇	九一	九二	九三	九五	九六	九七	九八	一〇〇	一〇一	一〇二	一〇三	一〇四	一〇五	一〇六	一〇七	一〇九	一一〇	五〇
三〇九	八〇	八一	八三	八四	八五	八七	八八	八九	九〇	九二	九三	九四	九五	九七	九八	九九	一〇〇	一〇一	一〇二	一〇四	一〇五	一〇六	一〇七	一〇八	一〇九	五一
三〇八	八〇	八一	八二	八四	八五	八六	八八	八九	九〇	九一	九三	九四	九五	九六	九七	九八	一〇〇	一〇一	一〇二	一〇三	一〇四	一〇五	一〇六	一〇七	一〇八	五二

太陽眞方位(或)方位角表

北緯二十五度與赤緯同名

赤緯／時角	廿四度	廿三度	廿二度	廿一度	二十度	十九度	十八度	十七度	十六度	十五度	十四度	十三度	十二度	十一度	十度	九度	八度	七度	六度	五度	四度	三度	二度	一度	〇度	赤緯／時角
三0七	七九	八一	八二	八三	八五	八六	八七	八八	九0	九一	九二	九三	九四	九六	九七	九八	九九	一00	一0一	一0二	一0三	一0五	一0六	一0七	一0八	五三
三0六	七九	八0	八二	八三	八四	八六	八七	八八	八九	九0	九二	九三	九四	九五	九六	九七	九九	一00	一0一	一0二	一0三	一0四	一0五	一0六	一0七	五四
三0五	七九	八0	八一	八三	八四	八五	八六	八八	八九	九0	九一	九二	九四	九五	九六	九七	九八	九九	一00	一0一	一0二	一0三	一0四	一0六	一0七	五五
三0四	七九	八0	八一	八二	八四	八五	八六	八七	八八	九0	九一	九二	九三	九四	九五	九六	九八	九九	一00	一0一	一0二	一0三	一0四	一0五	一0六	五六
三0三	七八	八0	八一	八二	八三	八四	八六	八七	八八	八九	九0	九一	九三	九四	九五	九六	九七	九八	九九	一00	一0一	一0二	一0三	一0四	一0五	五七
三0二	七八	七九	八一	八二	八三	八四	八五	八六	八八	八九	九0	九一	九二	九三	九四	九五	九六	九八	九九	一00	一0一	一0二	一0三	一0四	一0五	五八
三0一	七八	七九	八0	八一	八三	八四	八五	八六	八七	八八	八九	九一	九二	九三	九四	九五	九六	九七	九八	九九	一00	一0一	一0二	一0三	一0四	五九
三00	七八	七九	八0	八一	八二	八三	八五	八六	八七	八八	八九	九0	九一	九二	九三	九五	九六	九七	九八	九九	一00	一0一	一0二	一0三	一0四	六十
二九九	七七	七八	八0	八一	八二	八三	八四	八五	八六	八八	八九	九0	九一	九二	九三	九四	九五	九六	九七	九八	九九	一00	一0一	一0二	一0三	六一
二九八	七七	七八	七九	八0	八二	八三	八四	八五	八六	八七	八八	八九	九0	九一	九三	九四	九五	九六	九七	九八	九九	一00	一0一	一0二	一0三	六二
二九七	七七	七八	七九	八0	八一	八二	八三	八五	八六	八七	八八	八九	九0	九一	九二	九三	九四	九五	九六	九七	九八	九九	一00	一0一	一0二	六三
二九六	七六	七八	七九	八0	八一	八二	八三	八四	八五	八六	八七	八九	九0	九一	九二	九三	九四	九五	九六	九七	九八	九九	一00	一0一	一0二	六四
二九五	七六	七七	七八	七九	八一	八二	八三	八四	八五	八六	八七	八八	八九	九0	九一	九二	九三	九四	九五	九六	九七	九八	九九	一00	一0一	六五
二九四	七六	七七	七八	七九	八0	八一	八二	八三	八五	八六	八七	八八	八九	九0	九一	九二	九三	九四	九五	九六	九七	九八	九九	一00	一0一	六六
二九三	七六	七七	七八	七九	八0	八一	八二	八三	八四	八五	八六	八七	八八	八九	九0	九一	九二	九三	九四	九五	九六	九七	九八	九九	一00	六七
二九二	七五	七六	七七	七八	八0	八一	八二	八三	八四	八五	八六	八七	八八	八九	九0	九一	九二	九三	九四	九五	九六	九七	九八	九九	一00	六八
二九一	七五	七六	七七	七八	七九	八0	八一	八二	八三	八四	八五	八七	八八	八九	九0	九一	九二	九三	九三	九四	九五	九六	九七	九八	九九	六九
二九0	七五	七六	七七	七八	七九	八0	八一	八二	八三	八四	八五	八六	八七	八八	八九	九0	九一	九二	九三	九四	九五	九六	九七	九八	九九	七十
二八九	七四	七五	七六	七八	七九	八0	八一	八二	八三	八四	八五	八六	八七	八八	八九	九0	九一	九二	九三	九四	九五	九五	九六	九七	九八	七一
二八八	七四	七五	七六	七七	七八	七九	八0	八一	八二	八三	八四	八五	八六	八七	八八	八九	九0	九一	九二	九三	九四	九五	九六	九七	九八	七二
二八七	七四	七五	七六	七七	七八	七九	八0	八一	八二	八三	八四	八五	八六	八七	八八	八九	九0	九一	九二	九三	九四	九五	九六	九六	九七	七三
二八六	七三	七四	七五	七七	七八	七九	八0	八一	八二	八三	八四	八五	八六	八六	八七	八八	八九	九0	九一	九二	九三	九四	九五	九六	九七	七四
二八五	七三	七四	七五	七六	七七	七八	七九	八0	八一	八二	八三	八四	八五	八六	八七	八八	八九	九0	九一	九二	九三	九四	九五	九六	九六	七五
二八四	七三	七四	七五	七六	七七	七八	七九	八0	八一	八二	八三	八四	八五	八六	八七	八八	八九	九0	九0	九一	九二	九三	九四	九五	九六	七六
二八三	七二	七三	七五	七六	七七	七七	七八	七九	八0	八一	八二	八三	八四	八五	八六	八七	八八	八九	九0	九一	九二	九三	九四	九五	九六	七七
二八二	七二	七三	七四	七五	七六	七七	七八	七九	八0	八一	八二	八三	八四	八五	八六	八七	八八	八九	九0	九一	九一	九二	九三	九四	九五	七八
二八一	七二	七三	七四	七五	七六	七七	七八	七九	八0	八一	八二	八三	八四	八四	八五	八六	八七	八八	八九	九0	九一	九二	九三	九四	九五	七九
二八0	七二	七三	七三	七四	七五	七六	七七	七八	七九	八0	八一	八二	八三	八四	八五	八六	八七	八八	八九	九0	九一	九一	九二	九三	九四	八十
二七九	七一	七二	七三	七四	七五	七六	七七	七八	七九	八0	八一	八二	八三	八四	八五	八六	八七	八七	八八	八九	九0	九一	九二	九二	九四	八一
二七八	七一	七二	七三	七四	七五	七六	七七	七八	七九	八0	八0	八一	八二	八三	八四	八五	八六	八七	八八	八九	九0	九一	九二	九三	九三	八二
二七七	七一	七一	七二	七三	七四	七五	七六	七七	七八	七九	八0	八一	八二	八三	八四	八五	八六	八七	八八	八八	八九	九0	九一	九二	九三	八三
二七六	七0	七一	七二	七三	七四	七五	七六	七七	七八	七九	八0	八一	八二	八二	八三	八四	八五	八六	八七	八八	八九	九0	九一	九二	九三	八四
二七五	七0	七一	七二	七三	七四	七五	七六	七六	七七	七八	七九	八0	八一	八二	八三	八四	八五	八六	八七	八八	八九	八九	九0	九一	九二	八五
二七四	六九	七0	七一	七二	七三	七四	七五	七六	七七	七八	七九	八0	八一	八二	八三	八四	八四	八五	八六	八七	八八	八九	九0	九一	九二	八六
二七三	六九	七0	七一	七二	七三	七四	七五	七六	七七	七八	七九	七九	八0	八一	八二	八三	八四	八五	八六	八七	八八	八九	八九	九0	九一	八七
二七二	六九	七0	七一	七二	七三	七三	七四	七五	七六	七七	七八	七九	八0	八一	八二	八三	八四	八四	八五	八六	八七	八八	八九	九0	九一	八八
二七一	六八	六九	七0	七一	七二	七三	七四	七五	七六	七七	七八	七九	八0	八0	八一	八二	八三	八四	八五	八六	八七	八八	八九	九0	九0	八九
二七0	六八	六九	七0	七一	七二	七三	七四	七五	七五	七六	七七	七八	七九	八0	八一	八二	八三	八四	八五	八五	八六	八七	八八	八九	九0	九十
二六九	六八	六九	七0	七0	七一	七二	七三	七四	七五	七六	七七	七八	七九	八0	八一	八一	八二	八三	八四	八五	八六	八七	八八	八九	九0	九一
二六八	六七	六八	六九	七0	七一	七二	七三	七四	七五	七六	七六	七七	七八	七九	八0	八一	八二	八三	八四	八五	八六	八六	八七	八八	八九	九二
二六七	六七	六八	六九	七0	七一	七二	七二	七三	七四	七五	七六	七七	七八	七九	八0	八一	八一	八二	八三	八四	八五	八六	八七	八八	八九	九三
二六六	六七	六八	六八	六九	七0	七一	七二	七三	七四	七五	七六	七七	七七	七八	七九	八0	八一	八二	八三	八四	八五	八六	八六	八七	八八	九四
二六五	六六	六七	六八	六九	七0	七一	七二	七三	七三	七四	七五	七六	七七	七八	七九	八0	八一	八二	八二	八三	八四	八五	八六	八七	八八	九五
二六四	六六	六七	六八	六八	六九	七0	七一	七二	七三	七四	七五	七六	七七	七八	七八	七九	八0	八一	八二	八三	八四	八五	八六	八七	八七	九六
二六三	六五	六六	六七	六八	六九	七0	七一	七二	七三	七三	七四	七五	七六	七七	七八	七九	八0	八一	八二	八二	八三	八四	八五	八六	八七	九七
二六二	六五	六六	六七	六八	六九	六九	七0	七一	七二	七三	七四	七五	七六	七七	七八	七八	七九	八0	八一	八二	八三	八四	八五			九八
二六一	六五	六五	六六	六七	六八	六九	七0	七一	七二	七三	七四	七四	七五	七六	七七	七八	七九	八0	八一	八二	八二					九九
二六0	六四	六五	六六	六七	六八	六九	七0	七0	七一	七二	七三	七四	七五	七六	七七	七八	七八	七九	八0							一00
二五九	六四	六五	六六	六六	六七	六八	六九	七0	七一	七二	七三	七四	七四	七五	七六	七七	七八									一0一
二五八	六三	六四	六五	六六	六七	六八	六九	七0	七0	七一	七二	七三	七四	七五	七六											一0二
二五七	六三	六四	六五	六六	六六	六七	六八	六九	七0	七一	七二	七三	七三													一0三
二五六	六二	六三	六四	六五	六六	六七	六八	六九	七0	七0	七一															一0四
二五五	六二	六三	六四	六五	六六	六六	六七	六八	六九																	一0五

太陽眞方位(或)方位角表

北緯二十五度與赤緯異名

赤緯 時角	廿四度	廿三度	廿二度	廿一度	二十度	十九度	十八度	十七度	十六度	十五度	十四度	十三度	十二度	十一度	十度	九度	八度	七度	六度	五度	四度	三度	二度	一度	〇度	赤緯 時角
三〇八	一三〇	一二九	一二九	一二八	一二七	一二六	一二五	一二四	一二三	一二三	一二二	一二一	一二〇	一一九	一一八	一一七	一一六	一一五	一一四	一一三	一一二	一一一	一一〇	一〇九	一〇八	五二
三〇九	一三一	一三〇	一二九	一二八	一二八	一二七	一二六	一二五	一二四	一二三	一二二	一二一	一二一	一二〇	一一九	一一八	一一七	一一六	一一五	一一四	一一三	一一二	一一一	一一〇	一〇九	五一
三一〇	一三一	一三一	一三〇	一二九	一二八	一二七	一二七	一二六	一二五	一二四	一二三	一二二	一二一	一二〇	一一九	一一九	一一八	一一七	一一六	一一五	一一四	一一三	一一二	一一一	一一〇	五十
三一一	一三二	一三一	一三〇	一三〇	一二九	一二八	一二七	一二六	一二五	一二五	一二四	一二三	一二二	一二一	一二〇	一一九	一一八	一一七	一一六	一一五	一一四	一一三	一一二	一一一	一一〇	四九
三一二	一三三	一三二	一三一	一三〇	一三〇	一二九	一二八	一二七	一二六	一二五	一二四	一二四	一二三	一二二	一二一	一二〇	一一九	一一八	一一七	一一六	一一五	一一四	一一三	一一二	一一一	四八
三一三	一三三	一三三	一三二	一三一	一三〇	一二九	一二九	一二八	一二七	一二六	一二五	一二四	一二三	一二二	一二二	一二一	一二〇	一一九	一一八	一一七	一一六	一一五	一一四	一一三	一一二	四七
三一四	一三四	一三三	一三三	一三二	一三一	一三〇	一二九	一二八	一二八	一二七	一二六	一二五	一二四	一二三	一二二	一二一	一二〇	一一九	一一八	一一七	一一六	一一五	一一四	一一三	一一二	四六
三一五	一三五	一三四	一三三	一三二	一三二	一三一	一三〇	一二九	一二八	一二八	一二七	一二六	一二五	一二四	一二三	一二二	一二一	一二〇	一一九	一一八	一一七	一一六	一一五	一一四	一一三	四五
三一六	一三六	一三五	一三四	一三三	一三二	一三二	一三一	一三〇	一二九	一二八	一二七	一二七	一二六	一二五	一二四	一二三	一二二	一二一	一二〇	一一九	一一八	一一七	一一六	一一五	一一四	四四
三一七	一三六	一三六	一三五	一三四	一三三	一三二	一三二	一三一	一三〇	一二九	一二八	一二七	一二六	一二五	一二五	一二四	一二三	一二二	一二一	一二〇	一一九	一一八	一一七	一一六	一一四	四三
三一八	一三七	一三六	一三六	一三五	一三四	一三三	一三二	一三二	一三一	一三〇	一二九	一二八	一二七	一二六	一二五	一二四	一二三	一二二	一二一	一二〇	一一九	一一八	一一七	一一六	一一五	四二
三一九	一三八	一三七	一三六	一三六	一三五	一三四	一三三	一三二	一三一	一三一	一三〇	一二九	一二八	一二七	一二六	一二五	一二四	一二三	一二二	一二一	一二〇	一一九	一一八	一一七	一一六	四一
三二〇	一三九	一三八	一三七	一三六	一三六	一三五	一三四	一三三	一三二	一三一	一三一	一三〇	一二九	一二八	一二七	一二六	一二五	一二四	一二三	一二二	一二一	一二〇	一一九	一一八	一一七	四十
三二一	一三九	一三九	一三八	一三七	一三六	一三六	一三五	一三四	一三三	一三二	一三一	一三一	一三〇	一二九	一二八	一二七	一二六	一二五	一二四	一二三	一二二	一二一	一二〇	一一九	一一八	三九
三二二	一四〇	一三九	一三九	一三八	一三七	一三六	一三六	一三五	一三四	一三三	一三二	一三一	一三一	一三〇	一二九	一二八	一二七	一二六	一二五	一二四	一二三	一二二	一二一	一二〇	一一八	三八
三二三	一四一	一四〇	一四〇	一三九	一三八	一三七	一三六	一三六	一三五	一三四	一三三	一三二	一三一	一三一	一三〇	一二九	一二八	一二七	一二六	一二五	一二四	一二三	一二二	一二〇	一一九	三七
三二四	一四二	一四一	一四〇	一四〇	一三九	一三八	一三七	一三七	一三六	一三五	一三四	一三三	一三二	一三一	一三一	一三〇	一二九	一二八	一二七	一二六	一二五	一二四	一二三	一二一	一二〇	三六
三二五	一四三	一四二	一四一	一四〇	一四〇	一三九	一三八	一三七	一三七	一三六	一三五	一三四	一三三	一三二	一三一	一三一	一三〇	一二九	一二八	一二七	一二六	一二五	一二三	一二二	一二一	三五
三二六	一四三	一四三	一四二	一四一	一四一	一四〇	一三九	一三八	一三八	一三七	一三六	一三五	一三四	一三三	一三二	一三二	一三一	一三〇	一二九	一二八	一二七	一二五	一二四	一二三	一二二	三四
三二七	一四四	一四四	一四三	一四二	一四二	一四一	一四〇	一三九	一三八	一三八	一三七	一三六	一三五	一三四	一三三	一三二	一三二	一三一	一三〇	一二九	一二八	一二六	一二五	一二四	一二三	三三
三二八	一四五	一四五	一四四	一四三	一四二	一四二	一四一	一四〇	一三九	一三九	一三八	一三七	一三六	一三五	一三四	一三三	一三三	一三二	一三一	一三〇	一二九	一二八	一二六	一二五	一二四	三二
三二九	一四六	一四五	一四五	一四四	一四三	一四三	一四二	一四一	一四〇	一四〇	一三九	一三八	一三七	一三六	一三五	一三五	一三四	一三三	一三二	一三一	一三〇	一二九	一二七	一二六	一二五	三一
三三〇	一四七	一四六	一四六	一四五	一四四	一四四	一四三	一四二	一四一	一四一	一四〇	一三九	一三八	一三七	一三六	一三六	一三五	一三四	一三三	一三二	一三一	一三〇	一二九	一二七	一二六	三十
三三一	一四八	一四七	一四七	一四六	一四五	一四五	一四四	一四三	一四二	一四二	一四一	一四〇	一三九	一三八	一三八	一三七	一三六	一三五	一三四	一三三	一三二	一三一	一三〇	一二九	一二七	二九
三三二	一四九	一四八	一四八	一四七	一四六	一四六	一四五	一四四	一四三	一四三	一四二	一四一	一四〇	一四〇	一三九	一三八	一三七	一三六	一三五	一三四	一三三	一三二	一三一	一三〇	一二九	二八
三三三	一五〇	一四九	一四九	一四八	一四七	一四七	一四六	一四五	一四五	一四四	一四三	一四二	一四一	一四一	一四〇	一三九	一三八	一三七	一三六	一三五	一三四	一三三	一三二	一三一	一三〇	二七
三三四	一五一	一五〇	一五〇	一四九	一四八	一四八	一四七	一四六	一四六	一四五	一四四	一四三	一四三	一四二	一四一	一四〇	一三九	一三八	一三七	一三六	一三五	一三四	一三三	一三二	一三一	二六
三三五	一五二	一五一	一五一	一五〇	一四九	一四九	一四八	一四八	一四七	一四六	一四五	一四五	一四四	一四三	一四二	一四一	一四〇	一四〇	一三九	一三八	一三七	一三六	一三五	一三三	一三二	二五
三三六	一五三	一五二	一五二	一五一	一五〇	一五〇	一四九	一四九	一四八	一四七	一四六	一四六	一四五	一四四	一四三	一四三	一四二	一四一	一四〇	一三九	一三八	一三七	一三六	一三五	一三四	二四
三三七	一五四	一五三	一五三	一五二	一五二	一五一	一五〇	一五〇	一四九	一四八	一四八	一四七	一四六	一四五	一四五	一四四	一四三	一四二	一四一	一四〇	一三九	一三八	一三七	一三六	一三五	二三
三三八	一五五	一五四	一五四	一五三	一五三	一五二	一五一	一五一	一五〇	一五〇	一四九	一四八	一四七	一四六	一四六	一四五	一四四	一四三	一四二	一四二	一四一	一四〇	一三九	一三七	一三六	二二
三三九	一五六	一五五	一五五	一五四	一五四	一五三	一五三	一五二	一五一	一五一	一五〇	一四九	一四九	一四八	一四七	一四六	一四六	一四五	一四四	一四三	一四二	一四一	一四〇	一三九	一三八	二一
三四〇	一五七	一五六	一五七	一五五	一五五	一五四	一五四	一五三	一五三	一五二	一五一	一五一	一五〇	一四九	一四八	一四八	一四七	一四六	一四五	一四四	一四三	一四二	一四一	一四〇	一三九	二十
三四一	一五八	一五八	一五八	一五七	一五六	一五五	一五五	一五四	一五四	一五三	一五三	一五二	一五一	一五一	一五〇	一四九	一四八	一四八	一四七	一四六	一四五	一四四	一四三	一四二	一四一	一九
三四二	一五九	一五九	一五九	一五八	一五七	一五七	一五六	一五六	一五五	一五四	一五四	一五三	一五三	一五二	一五一	一五一	一五〇	一四九	一四八	一四七	一四六	一四六	一四五	一四四	一四二	一八
三四三	一六〇	一六〇	一六〇	一五九	一五八	一五八	一五七	一五七	一五六	一五六	一五五	一五五	一五四	一五三	一五三	一五二	一五一	一五〇	一五〇	一四九	一四八	一四七	一四六	一四五	一四四	一七
三四四	一六一	一六一	一六一	一六〇	一六〇	一五九	一五九	一五八	一五八	一五七	一五六	一五六	一五五	一五五	一五四	一五三	一五三	一五二	一五一	一五〇	一五〇	一四九	一四八	一四七	一四六	一六
三四五	一六二	一六二	一六二	一六一	一六一	一六〇	一六〇	一五九	一五九	一五八	一五八	一五七	一五七	一五六	一五六	一五五	一五四	一五四	一五三	一五二	一五一	一五〇	一五〇	一四九	一四八	一五
三四六	一六三	一六三	一六三	一六二	一六二	一六二	一六一	一六一	一六〇	一六〇	一五九	一五九	一五八	一五八	一五七	一五六	一五六	一五五	一五四	一五四	一五三	一五二	一五一	一五〇	一五〇	一四
三四七	一六五	一六四	一六四	一六四	一六三	一六三	一六二	一六二	一六二	一六一	一六一	一六〇	一六〇	一五九	一五九	一五八	一五七	一五七	一五六	一五五	一五五	一五四	一五三	一五二	一五一	一三
三四八	一六六	一六五	一六五	一六五	一六四	一六四	一六四	一六三	一六三	一六二	一六二	一六二	一六一	一六一	一六〇	一六〇	一五九	一五八	一五八	一五七	一五六	一五六	一五五	一五四	一五三	一二
三四九	一六七	一六七	一六六	一六六	一六六	一六五	一六五	一六五	一六四	一六四	一六三	一六三	一六三	一六二	一六二	一六一	一六一	一六〇	一六〇	一五九	一五八	一五八	一五七	一五六	一五五	一一
三五〇	一六八	一六八	一六八	一六七	一六七	一六七	一六六	一六六	一六六	一六五	一六五	一六五	一六四	一六四	一六三	一六三	一六二	一六二	一六一	一六一	一六〇	一六〇	一五九	一五八	一五七	十
三五一	一六九	一六九	一六九	一六八	一六八	一六八	一六八	一六七	一六七	一六七	一六六	一六六	一六六	一六五	一六五	一六四	一六四	一六四	一六三	一六三	一六二	一六一	一六一	一六〇	一六〇	九
三五二	一七〇	一七〇	一七〇	一七〇	一七〇	一六九	一六九	一六九	一六八	一六八	一四四	一四六	一四八	一五〇	一五二	一五三	一五四	一五六	一五七	一五八	一五九	一五九	一六〇	一六一	一六二	八
三五三	一七二	一七一	一七一	一七一	一七一	一七一	一七〇	一七〇	一七〇	一七〇	一四八	一五〇	一五二	一五三	一五五	一五六	一五七	一五八	一五九	一六〇	一六一	一六二	一六三	一六三	一六四	七
三五四	一七三	一七三	一七二	一七二	一七二	一七二	一七二	一七二	一七一	一七一	一五二	一五四	一五五	一五七	一五八	一五九	一六〇	一六一	一六二	一六三	一六四	一六四	一六五	一六六	一六六	六
三五五	一七四	一七四	一七四	一七四	一七三	一七三	一七三	一七三	一七三	一七三	一五六	一五八	一五九	一六〇	一六二	一六三	一六四	一六四	一六五	一六六	一六六	一六七	一六七	一六八	一六八	五
三五六	一七五	一七五	一七五	一七五	一七五	一七五	一七四	一七四	一七四	一七四	一六〇	一六二	一六三	一六四	一六五	一六六	一六七	一六七	一六八	一六九	一六九	一六九	一七〇	一七〇	一七一	四
三五七	一七六	一七六	一七六	一七六	一七六	一七六	一七六	一七六	一七六	一七六	一六五	一六六	一六七	一六八	一六九	一六九	一七〇	一七〇	一七一	一七一	一七二	一七二	一七二	一七三	一七三	三
三五八	一七八	一七八	一七八	一七七	一七七	一七七	一七七	一七七	一七七	一七七	一七〇	一七一	一七一	一七二	一七二	一七三	一七三	一七四	一七四	一七四	一七四	一七五	一七五	一七五	一七五	二
三五九	一七九	一七九	一七九	一七九	一七九	一七九	一七九	一七九	一七九	一七九	一七五	一七五	一七六	一七六	一七六	一七六	一七七	一七七	一七七	一七七	一七七	一七七	一七七	一七八	一七八	一
三六〇	一八〇	一八〇	一八〇	一八〇	一八〇	一八〇	一八〇	一八〇	一八〇	一八〇	一八〇	一八〇	一八〇	一八〇	一八〇	一八〇	一八〇	一八〇	一八〇	一八〇	一八〇	一八〇	一八〇	一八〇	一八〇	〇

太陽眞方位(或)方位角表

北緯二十五度與赤緯異名

赤緯/時角	廿四度	廿三度	廿二度	廿一度	二十度	十九度	十八度	十七度	十六度	十五度	十四度	十三度	十二度	十一度	十度	九度	八度	七度	六度	五度	四度	三度	二度	一度	〇度	赤緯/時角
																								八八	八七	九七
																					九一	八九	八八	八七	九六
																			九二	九一	九一	九〇	八九	八八	九五
																	九五	九四	九三	九二	九一	九〇	八九	八八	九四
															九七	九六	九五	九四	九三	九二	九一	九一	九〇	八九	九三
													九九	九八	九七	九六	九六	九五	九四	九三	九二	九一	九〇	八九	九二
										一〇二	一〇一	一〇〇	一〇〇	九九	九八	九七	九六	九五	九四	九三	九二	九一	九〇	九〇	九一
								一〇五	一〇四	一〇三	一〇二	一〇一	一〇〇	九九	九八	九七	九六	九五	九五	九四	九三	九二	九一	九〇	九十
						一〇七	一〇六	一〇五	一〇四	一〇三	一〇二	一〇一	一〇〇	九九	九九	九八	九七	九六	九五	九四	九三	九二	九一	九〇	八九
					一〇九	一〇八	一〇七	一〇六	一〇五	一〇四	一〇四	一〇三	一〇二	一〇一	一〇〇	九九	九八	九七	九六	九五	九四	九四	九三	九二	九一	八八
			一一一	一一〇	一〇九	一〇九	一〇八	一〇七	一〇六	一〇五	一〇四	一〇三	一〇二	一〇一	一〇〇	九九	九九	九八	九七	九六	九五	九四	九三	九二	九一	八七
	一一三	一一二	一一二	一一一	一一〇	一〇九	一〇八	一〇七	一〇六	一〇五	一〇四	一〇三	一〇三	一〇二	一〇一	一〇〇	九九	九八	九七	九六	九五	九四	九四	九三	九二	八六
	一一四	一一三	一一二	一一一	一一〇	一〇九	一〇八	一〇七	一〇七	一〇六	一〇五	一〇四	一〇三	一〇二	一〇一	一〇〇	九九	九八	九八	九七	九六	九五	九四	九三	九二	八五
	一一四	一一三	一一二	一一二	一一一	一一〇	一〇九	一〇八	一〇七	一〇六	一〇五	一〇四	一〇三	一〇二	一〇二	一〇一	一〇〇	九九	九八	九七	九六	九五	九四	九四	九三	八四
二七七	一一五	一一四	一一三	一一二	一一一	一一〇	一〇九	一〇八	一〇七	一〇七	一〇六	一〇五	一〇四	一〇三	一〇二	一〇一	一〇〇	九九	九八	九八	九七	九六	九五	九四	九三	八三
二七八	一一五	一一四	一一三	一一二	一一一	一一一	一一〇	一〇九	一〇八	一〇七	一〇六	一〇五	一〇四	一〇三	一〇二	一〇二	一〇一	一〇〇	九九	九八	九七	九六	九五	九四	九三	八二
二七九	一一五	一一五	一一四	一一三	一一二	一一一	一一〇	一〇九	一〇八	一〇七	一〇六	一〇六	一〇五	一〇四	一〇三	一〇二	一〇一	一〇〇	九九	九八	九八	九七	九六	九五	九四	八一
二八〇	一一六	一一五	一一四	一一三	一一二	一一一	一一〇	一一〇	一〇九	一〇八	一〇七	一〇六	一〇五	一〇四	一〇三	一〇二	一〇二	一〇一	一〇〇	九九	九八	九七	九六	九五	九四	八十
二八一	一一六	一一五	一一四	一一四	一一三	一一二	一一一	一一〇	一〇九	一〇八	一〇七	一〇六	一〇六	一〇五	一〇四	一〇三	一〇二	一〇一	一〇〇	九九	九八	九七	九七	九六	九五	七九
二八二	一一七	一一六	一一五	一一四	一一三	一一二	一一一	一一〇	一一〇	一〇九	一〇八	一〇七	一〇六	一〇五	一〇四	一〇三	一〇二	一〇二	一〇一	一〇〇	九九	九八	九七	九六	九五	七八
二八三	一一七	一一六	一一五	一一四	一一四	一一三	一一二	一一一	一一〇	一〇九	一〇八	一〇七	一〇七	一〇六	一〇五	一〇四	一〇三	一〇二	一〇一	一〇〇	九九	九八	九七	九七	九六	七七
二八四	一一八	一一七	一一六	一一五	一一四	一一三	一一二	一一一	一一一	一一〇	一〇九	一〇八	一〇七	一〇六	一〇五	一〇四	一〇三	一〇二	一〇二	一〇一	一〇〇	九九	九八	九七	九六	七六
二八五	一一八	一一七	一一六	一一五	一一四	一一四	一一三	一一二	一一一	一一〇	一〇九	一〇八	一〇七	一〇七	一〇六	一〇五	一〇四	一〇三	一〇二	一〇一	一〇〇	九九	九八	九七	九七	七五
二八六	一一八	一一八	一一六	一一六	一一五	一一四	一一三	一一二	一一一	一一一	一一〇	一〇九	一〇八	一〇七	一〇六	一〇五	一〇四	一〇三	一〇二	一〇二	一〇一	一〇〇	九九	九八	九七	七四
二八七	一一九	一一八	一一七	一一六	一一五	一一五	一一四	一一三	一一二	一一一	一一〇	一〇九	一〇八	一〇七	一〇七	一〇六	一〇五	一〇四	一〇三	一〇二	一〇一	一〇〇	九九	九八	九七	七三
二八八	一一九	一一八	一一八	一一七	一一六	一一五	一一四	一一三	一一二	一一一	一一一	一一〇	一〇九	一〇八	一〇七	一〇六	一〇五	一〇四	一〇三	一〇二	一〇二	一〇一	一〇〇	九九	九八	七二
二八九	一二〇	一一九	一一八	一一七	一一六	一一五	一一五	一一四	一一三	一一二	一一一	一一〇	一〇九	一〇八	一〇八	一〇七	一〇六	一〇五	一〇四	一〇三	一〇二	一〇一	一〇〇	九九	九八	七一
二九〇	一二〇	一一九	一一九	一一八	一一七	一一六	一一五	一一四	一一三	一一二	一一二	一一一	一一〇	一〇九	一〇八	一〇七	一〇六	一〇五	一〇四	一〇三	一〇三	一〇二	一〇一	一〇〇	九九	七十
二九一	一二一	一二〇	一一九	一一八	一一七	一一六	一一六	一一五	一一四	一一三	一一二	一一一	一一〇	一〇九	一〇八	一〇八	一〇七	一〇六	一〇五	一〇四	一〇三	一〇二	一〇一	一〇〇	九九	六九
二九二	一二一	一二〇	一二〇	一一九	一一八	一一七	一一六	一一五	一一四	一一三	一一三	一一二	一一一	一一〇	一〇九	一〇八	一〇七	一〇六	一〇五	一〇四	一〇三	一〇三	一〇二	一〇一	一〇〇	六八
二九三	一二二	一二一	一二〇	一一九	一一八	一一七	一一七	一一六	一一五	一一四	一一三	一一二	一一一	一一〇	一〇九	一〇九	一〇八	一〇七	一〇六	一〇五	一〇四	一〇三	一〇二	一〇一	一〇〇	六七
二九四	一二二	一二一	一二一	一二〇	一一九	一一八	一一七	一一六	一一五	一一四	一一四	一一三	一一二	一一一	一一〇	一〇九	一〇八	一〇七	一〇六	一〇五	一〇四	一〇四	一〇三	一〇二	一〇一	六六
二九五	一二三	一二二	一二一	一二〇	一一九	一一八	一一八	一一七	一一六	一一五	一一四	一一三	一一二	一一一	一一一	一一〇	一〇九	一〇八	一〇七	一〇六	一〇五	一〇四	一〇三	一〇二	一〇一	六五
二九六	一二三	一二二	一二二	一二一	一二〇	一一九	一一八	一一七	一一六	一一六	一一五	一一四	一一三	一一二	一一一	一一〇	一〇九	一〇八	一〇七	一〇六	一〇六	一〇五	一〇四	一〇三	一〇二	六四
二九七	一二四	一二三	一二二	一二一	一二〇	一二〇	一一九	一一八	一一七	一一六	一一五	一一四	一一三	一一二	一一二	一一一	一一〇	一〇九	一〇八	一〇七	一〇六	一〇五	一〇四	一〇三	一〇二	六三
二九八	一二四	一二三	一二三	一二二	一二一	一二〇	一一九	一一八	一一七	一一七	一一六	一一五	一一四	一一三	一一二	一一一	一一〇	一〇九	一〇八	一〇八	一〇七	一〇六	一〇五	一〇四	一〇三	六二
二九九	一二五	一二四	一二三	一二二	一二一	一二一	一二〇	一一九	一一八	一一七	一一六	一一五	一一四	一一四	一一三	一一二	一一一	一一〇	一〇九	一〇八	一〇七	一〇六	一〇五	一〇四	一〇三	六一
三〇〇	一二五	一二四	一二四	一二三	一二二	一二一	一二〇	一一九	一一九	一一八	一一七	一一六	一一五	一一四	一一三	一一二	一一一	一一〇	一一〇	一〇九	一〇八	一〇七	一〇六	一〇五	一〇四	六十
三〇一	一二六	一二五	一二四	一二三	一二三	一二二	一二一	一二〇	一一九	一一八	一一七	一一七	一一六	一一五	一一四	一一三	一一二	一一一	一一〇	一〇九	一〇八	一〇七	一〇六	一〇五	一〇四	五九
三〇二	一二七	一二五	一二五	一二四	一二三	一二二	一二一	一二一	一二〇	一一九	一一八	一一七	一一六	一一五	一一四	一一三	一一三	一一二	一一一	一一〇	一〇九	一〇八	一〇七	一〇六	一〇五	五八
三〇三	一二七	一二六	一二五	一二五	一二四	一二三	一二二	一二一	一二〇	一一九	一一九	一一八	一一七	一一六	一一五	一一四	一一三	一一二	一一一	一一〇	一〇九	一〇八	一〇七	一〇六	一〇五	五七
三〇四	一二八	一二七	一二六	一二五	一二四	一二四	一二三	一二二	一二一	一二〇	一一九	一一八	一一七	一一七	一一六	一一五	一一四	一一三	一一二	一一一	一一〇	一〇九	一〇八	一〇七	一〇六	五六
三〇五	一二八	一二七	一二七	一二六	一二五	一二四	一二三	一二二	一二二	一二一	一二〇	一一九	一一八	一一七	一一六	一一五	一一四	一一三	一一二	一一一	一一一	一一〇	一〇九	一〇八	一〇七	五五
三〇六	一二九	一二八	一二七	一二六	一二六	一二五	一二四	一二三	一二二	一二一	一二〇	一二〇	一一九	一一八	一一七	一一六	一一五	一一四	一一三	一一二	一一一	一一〇	一〇九	一〇八	一〇七	五四
三〇七	一三〇	一二九	一二八	一二七	一二六	一二五	一二五	一二四	一二三	一二二	一二一	一二〇	一一九	一一八	一一七	一一七	一一六	一一五	一一四	一一三	一一二	一一一	一一〇	一〇九	一〇八	五三

吳師靑著

結論

舊傳羅經乃指磁極之南北、非指天之南北也。言堪輿者、對舊羅經之磁針、所受磁極之偏差、與自差之影響、全不顧及、深爲浩歎。須知巒頭非理氣不靈、欲論理氣、第一件事、卽爲定針、若針不確、陰陽致令顛倒、縱湛酣於楊盤、賴盤、蔣盤、大玄空、小玄空、與滇南、無常、蘇州、上虞、湘、楚、等派、徒爲隔靴搔癢而已、何能施其技耶。師青稽攷古籍、參酌新知、對於舊羅經誤差問題、經數十年來、究本窮源、精通其理、考之古墳、驗之己往、未見一毫之差。由是創製日景羅經、讀者果能依法施用、再將拙著「地學鐵骨秘」、「及撼龍經眞義」、「樓宇寶鑑」諸書、相互而行、收五吉、避七凶、摒出卦、建高嶠、催元運、以及迴風返旺、壓煞迎生、則樞機在握、獲福迎祥、旋乾轉坤、可操左券、堪輿之道、從茲日益彰矣。

如何應用日景羅經

著作者：吳師青

出版者：中天貿易公司

發行者：中天貿易公司
香港郵政總局信箱一六〇一三號

印刷者：東南印務社

一九七〇年冬月出版

吳師青先生著述一覽表

地學鐵骨秘 民國十三年初版，潮州府志採入藝文類，朱葛民校長序 民國五〇年再版，鄧肇堅爵士跋

樓宇寶鑑 民國五十三年初版・翁國裕律師序 五十九年再版・陳孝威將軍序

地學撼龍經眞義 鄧肇堅爵士序

中國七政四餘星圖析義 陳孝威將軍序

中國七政四餘眞躔位置圖

天體曆 一九六二年出版

天體曆彙編 一九六七年增版

香港山脈形勢論 一九六四年四月一日出版

中西星座對照圖

精製日景羅經

簡易日景羅經圖版

如何應用日景羅經

直影日晷圖版

易經五福圖（附圖說）本圖爲參天地，贊化育，福善人而製。

香港中天貿易公司啓

編號	書名	作者	說明
占筮類			
1	擲地金聲搜精秘訣	心一堂編	沈氏研易樓藏稀見易占秘鈔本
2	卜易拆字秘傳百日通	心一堂編	
3	易占陽宅六十四卦秘斷	心一堂編	火珠林占陽宅風水秘鈔本
星命類			
4	斗數宣微	【民國】王裁珊	民初最重要斗數著述之一；未刪改本
5	斗數觀測錄	【民國】王裁珊	失傳民初斗數重要著作
6	《地星會源》《斗數綱要》合刊	心一堂編	失傳的第三種飛星斗數
7	《斗數秘鈔》《紫微斗數之捷徑》合刊	心一堂編	珍稀「紫微斗數」舊鈔秘本
8	斗數演例	心一堂編	
9	紫微斗數全書（清初刻原本）	題【宋】陳希夷	斗數全書本來面目；有別於錯誤極多的坊本
10－12	鐵板神數（清刻足本）——附秘鈔密碼表	題【宋】邵雍	無錯漏原版 秘鈔密碼表 首次公開！
13－15	蠢子數纏度	題【宋】邵雍	蠢子數連密碼表 打破數百年秘傳 首次公開！
16－19	皇極數	題【宋】邵雍	清鈔孤本附起例及完整密碼表 研究神數必讀！
20－21	邵夫子先天神數	題【宋】邵雍	附手鈔密碼表 研究神數必讀！
22	八刻分經定數（密碼表）	題【宋】邵雍	皇極數另一版本；附手鈔密碼表
23	新命理探原	【民國】袁樹珊	子平命理必讀教科書！
24－25	袁氏命譜	【民國】袁樹珊	
26	韋氏命學講義	【民國】韋千里	民初二大命理家南袁北韋
27	千里命稿	【民國】韋千里	
28	精選命理約言	【民國】韋千里	北韋之命理經典
29	滴天髓闡微——附李雨田命理初學捷徑	【民國】袁樹珊、李雨田	命理經典未刪改足本
30	段氏白話命學綱要	【民國】段方	民初命理經典最淺白易懂
31	命理用神精華	【民國】王心田	學命理者之寶鏡

編號	書名	作者	說明
32	命學探驪集	【民國】張巢雲	發前人所未發 稀見民初子平命理著作
33	澹園命談	【民國】高澹園	
34	算命一讀通——鴻福齊天	【民國】不空居士、覺先居士合纂	
35	子平玄理	【民國】施惕君	
36	星命風水秘傳百日通	心一堂編	
37	命理大四字金前定	題【晉】鬼谷子王詡	源自元代算命術
38	命理斷語義理源深	心一堂編	稀見清代批命斷語及活套
39-40	文武星案	【明】陸位	失傳四百年《張果星宗》姊妹篇 千多星盤命例 研究命學必備
相術類			
41	新相人學講義	【民國】楊叔和	失傳民初白話文相術書
42	手相學淺說	【民國】黃龍	民初中西結合手相學經典
43	大清相法	心一堂編	重現失傳經典相書
44	相法易知	心一堂編	
45	相法秘傳百日通	心一堂編	
堪輿類			
46	靈城精義箋	【清】沈竹礽	沈氏玄空遺珍 玄空風水必讀
47	地理辨正抉要	【清】沈竹礽	
48	《玄空古義四種通釋》《地理疑義答問》合刊	沈瓞民	
49	《沈氏玄空吹虀室雜存》《玄空捷訣》合刊	【民國】申聽禪	
50	漢鏡齋堪輿小識	【民國】查國珍、沈瓞民	
51	堪輿一覽	【清】孫竹田	失傳已久的無常派玄空經典
52	章仲山挨星秘訣（修定版）	【清】章仲山	章仲山無常派玄空珍秘 門內秘本首次公開
53	臨穴指南	【清】章仲山	
54	章仲山宅案附無常派玄空秘要	心一堂編	沈竹礽等大師尋覓一生末得之珍本！
55	地理辨正補	【清】朱小鶴	玄空六派蘇州派代表作
56	陽宅覺元氏新書	【清】元祝垚	簡易・有效・神驗之玄空陽宅法
57	地學鐵骨秘　附　吳師青藏命理大易數	【民國】吳師青	釋玄空廣東派地學之秘
58-61	四秘全書十二種（清刻原本）	【清】尹一勺	玄空湘楚派經典本來面目 有別於錯誤極多的坊本

62	地理辨正補註　附 元空秘旨　天元五歌　玄空精髓　心法秘訣等數種合刊	【民國】胡仲言	貫通易理、巒頭、三元、三合、天星、中醫
63	地理辨正自解	【清】李思白	公開玄空家「分率尺、工部尺、量天尺」之秘
64	許氏地理辨正釋義	【民國】許錦灝	民國易學名家黃元炳力薦
65	地理辨正天玉經內傳要訣圖解	【清】程懷榮	秘訣一語道破，圖文并茂
66	謝氏地理書	【民國】謝復	玄空體用兼備、深入淺出
67	論山水元運易理斷驗、三元氣運說附紫白訣等五種合刊	【宋】吳景鸞等	失傳古本《玄空秘旨》《紫白訣》
68	星卦奧義圖訣	【清】施安仁	
69	三元地學秘傳	【清】何文源	
70	三元玄空挨星四十八局圖說	心一堂編	三元玄空門內秘笈　清鈔孤本 過去均為必須守秘不能公開秘密 與今天流行飛星法不同
71	三元挨星秘訣仙傳	心一堂編	
72	三元地理正傳	心一堂編	
73	三元天心正運	心一堂編	
74	元空紫白陽宅秘旨	心一堂編	
75	玄空挨星秘圖　附 堪輿指迷	心一堂編	
76	姚氏地理辨正圖說　附 地理九星并挨星真訣全圖　秘傳河圖精義等數種合刊	【清】姚文田等	
77	元空法鑑批點本——附 法鑑口授訣要、秘傳玄空三鑑奧義匯鈔　合刊	【清】曾懷玉等	蓮池心法　玄空六法 門內秘鈔本首次公開
78	元空法鑑心法	【清】曾懷玉等	
79	曾懷玉增批蔣徒傳天玉經補註【新修訂版原（彩）色本】	【清】項木林、曾懷玉	
80	地理學新義	【民國】俞仁宇撰	揭開連城派風水之秘
81	地理辨正揭隱（足本）附連城派秘鈔口訣	【民國】王邈達	
82	趙連城傳地理秘訣附雪庵和尚字字金	【明】趙連城	
83	趙連城秘傳楊公地理真訣	【明】趙連城	
84	地理法門全書	仗溪子、芝罘子	巒頭風水，內容簡核、深入淺出
85	地理方外別傳	【清】熙齋上人	巒頭形勢、「望氣」「鑑神」
86	地理輯要	【清】余鵬	集地理經典之精要
87	地理秘珍	【清】錫九氏	巒頭、三合天星，圖文並茂
88	《羅經舉要》附《附三合天機秘訣》	【清】賈長吉	清鈔孤本羅經、三合訣法圖解
89-90	嚴陵張九儀增釋地理琢玉斧巒	【清】張九儀	清初三合風水名家張九儀經典清刻原本！

編號	書名	作者	說明
91	地學形勢摘要	心一堂編	形家秘鈔珍本
92	《平洋地理入門》《巒頭圖解》合刊	【清】盧崇台	平洋水法、形家秘本
93	《鑒水極玄經》《秘授水法》合刊	【唐】司馬頭陀、【清】鮑湘襟	千古之秘，不可妄傳匪人
94	平洋地理闡秘	心一堂編	雲間三元平洋形法秘鈔珍本
95	地經圖說	【清】余九皋	形勢理氣、精繪圖文
96	司馬頭陀地鉗	【唐】司馬頭陀	流傳極稀《地鉗》
97	欽天監地理醒世切要辨論	【清】欽天監	公開清代皇室御用風水真本
三式類			
98－99	大六壬尋源二種	【清】張純照	六壬入門、占課指南
100	六壬教科六壬鑰	【民國】蔣問天	由淺入深，首尾悉備
101	壬課總訣	心一堂編	過去術家不外傳的珍稀六壬術秘鈔本
102	六壬秘斷	心一堂編	
103	大六壬類闡	心一堂編	
104	六壬秘笈——韋千里占卜講義	【民國】韋千里	六壬入門必備
105	壬學述古	【民國】曹仁麟	依法占之，「無不神驗」
106	奇門揭要	心一堂編	集「法奇門」、「術奇門」精要
107	奇門行軍要略	【清】劉文瀾	條理清晰、簡明易用
108	奇門大宗直旨	劉毗	天下孤本　首次公開　虛白盧藏本《秘藏遁甲天機》　奇門不傳之秘　應驗如神
109	奇門三奇干支神應	馮繼明	
110	奇門仙機	題【漢】張子房	
111	奇門心法秘纂	題【漢】韓信（淮陰侯）	
112	奇門廬中闡秘	題【三國】諸葛武侯註	
選擇類			
113－114	儀度六壬選日要訣	【清】張九儀	清初三合風水名家張九儀擇日秘傳
115	天元選擇辨正	【清】一園主人	釋蔣大鴻天元選擇法
其他類			
116	述卜筮星相學	【民國】袁樹珊	民初二大命理家南袁北韋　南袁之術數經典
117－120	中國歷代卜人傳	【民國】袁樹珊